会计综合模拟实训教程

主　编　宋　瑞　杨佩毅
副主编　闻　坤　岳园园　杨　宁
参　编　吕亚楠　荆梦婷　惠文燕

北京理工大学出版社
BEIJING INSTITUTE OF TECHNOLOGY PRESS

内 容 简 介

本书以企业业务流程为导向，模拟企业从注册成立、会计机构设置、会计资料认知、账簿填写到典型业务流程的知识进行介绍和实践练习，并选取了工业企业一个月完整的经济业务，按照企业会计准则的要求，模拟企业建账、填制和审核凭证、登记账簿、成本计算以及相关纳税申报和财务报表编制的完整会计核算内容。借助福斯特沙盘实训实现会计主管、出纳、会计岗位间的模拟分工与协作。

本书采用任务驱动模式编写，有利于学习者在课程实训过程中运用所学的会计综合知识，了解企业业务流程，提升会计实务技能并适应会计岗位工作。

本书可作为高等教育应用型高校以及高等职业教育财务会计专业的学生用书，也可以作为社会相关工作人员的培训与参考用书。

版权专有　侵权必究

图书在版编目（CIP）数据

会计综合模拟实训教程 / 宋瑞，杨佩毅主编. —北京：北京理工大学出版社，2021.1
ISBN 978-7-5682-9372-3

Ⅰ. ①会… Ⅱ. ①宋…②杨… Ⅲ. ①会计学-教材 Ⅳ. ①F230

中国版本图书馆 CIP 数据核字（2020）第 257189 号

出版发行 / 北京理工大学出版社有限责任公司
社　　址 / 北京市海淀区中关村南大街 5 号
邮　　编 / 100081
电　　话 / （010）68914775（总编室）
　　　　　（010）82562903（教材售后服务热线）
　　　　　（010）68948351（其他图书服务热线）
网　　址 / http://www.bitpress.com.cn
经　　销 / 全国各地新华书店
印　　刷 / 河北盛世彩捷印刷有限公司
开　　本 / 787 毫米×1092 毫米　1/16
印　　张 / 21　　　　　　　　　　　　　　　责任编辑 / 王俊洁
字　　数 / 493 千字　　　　　　　　　　　　文案编辑 / 王俊洁
版　　次 / 2021 年 1 月第 1 版　2021 年 1 月第 1 次印刷　责任校对 / 刘亚男
定　　价 / 56.00 元　　　　　　　　　　　　责任印制 / 李志强

图书出现印装质量问题，请拨打售后服务热线，本社负责调换

前　言

"会计综合实训"是会计专业的一门核心专业课程，是在学习了"基础会计""成本会计""财务会计""财务管理"等专业课程的基础上，针对会计相关专业学生所开设的一门综合实践性课程，是会计专业人才培养过程中重要的实践教学环节。

当今时代是一个社会经济高速发展的时代，尤其是高科技的进步，对会计提出了多方面的挑战。知识经济在不断地扩大会计领域的同时，也深化了会计核算的内容，会计工作内容正在从"核算型"向"管理型"发生巨大转变。

为更好地适应知识经济、信息社会对会计人才的需要，会计教育必须高度重视对学生的管理知识获取能力、创新能力、职业判断能力及风险管理意识的培养，加强对学生的诚信教育，使会计专业的学生具备良好的会计职业道德，掌握适应信息化社会的会计行业工作技能。

本教材在郑州工商学院的大力支持下，编者以会计行业职业需求为指导，以企业财会实务工作为依据，认真学习和研究了会计理论和实践，及时将最新内容纳入其中，体现了最新的国家会计政策。本教材体现了信息化时代会计行业发展对于"管理型"会计人才的需求，从创作思路、结构设计、内容选择等方面都体现了高等职业教育的特点，以培养学生的岗位技能为出发点，以提高学生分析和解决问题的能力为目标，在系统阐述企业管理流程的同时，注重理论和实践的统一。

本教材内容全面、重点突出，涵盖会计、出纳、会计主管日常经济业务处理。为了让学生毕业之后能够更好地就业、更快地适应工作，本教材将企业日常经济业务流程和会计业务处理进行有机结合，提高了学生对于企业管理的理解，加强了学生对于岗位技能的培养。

本教材的特色主要体现在如下几个方面：

（1）分任务编写。本教材改变了传统的会计综合实训教材的编写模式，根据会计实务的内容和理论体系，共分七个实验情境，体例新颖，内容通俗易懂，能够吸引学生更好地学习。

（2）管理理论与会计实务融合。本教材创新地将企业日常业务循环相关理论引入会计综合实训中，注重学生对于企业管理活动的理解，加强学生对于财务岗位的认识。

（3）融入福斯特沙盘实训平台。本教材按照案例驱动、依据业务流程进行实训实践，在手工实践的基础上，将福斯特沙盘融入会计实训教材中，加强学生的岗位操作实践能力和团队合作意识。

本教材由宋瑞、杨佩毅负责总撰，由宋瑞、杨佩毅担任主编，由闻坤、岳园园、杨宁担副主编，由吕亚楠、荆梦婷、惠文燕参编。具体编写分工为：实验一由吕亚楠编写；实验二由杨佩毅编写；实验三、实验四由荆梦婷编写；实验五由闻坤编写；实验六由杨宁编写；实验七由惠文燕编写；配套教学工具由宋瑞、岳园园、杨佩毅、闻坤、荆梦婷编写制作，相关法规资料由吕亚楠、惠文燕编写。

本教材作为郑州工商学院校本教材建设项目，在编写过程中受到郑州工商学院的大力支持。编者在编写的过程中广泛地参阅了众多专家、学者公开出版的专著和教材，再次对所参考文献的作者表示衷心感谢。

受编者学术水平和编写时间所限，书中难免有纰漏之处，恳请读者赐教。

编　者

2020 年 9 月

目 录

实验一 注册成立公司 …………………………………………………………（1）
    任务一 注册成立公司的程序 ………………………………………………（1）
    任务二 注册成立公司涉及的部门与材料 …………………………………（3）
    任务三 公司简介 ……………………………………………………………（7）
    任务四 内部机构设置 ………………………………………………………（7）
    任务五 生产工艺过程及会计核算方法 ……………………………………（8）

实验二 会计机构设置 …………………………………………………………（10）
    任务一 公司会计机构设置 …………………………………………………（10）
    任务二 会计机构人员分工 …………………………………………………（11）
    任务三 会计核算方法的介绍 ………………………………………………（13）

实验三 认识会计资料 …………………………………………………………（21）
    任务一 认识原始凭证 ………………………………………………………（21）
    任务二 认识账簿 ……………………………………………………………（22）
    任务三 认识报表 ……………………………………………………………（23）
    任务四 会计资料填写规范 …………………………………………………（23）

实验四 建立账簿 ………………………………………………………………（26）
    任务一 建立明细账 …………………………………………………………（26）
    任务二 建立日记账 …………………………………………………………（28）
    任务三 建立总账 ……………………………………………………………（29）

实验五 会计业务流程 …………………………………………………………（31）
    任务一 认识筹资活动 ………………………………………………………（31）

任务二　认识采购与付款业务………………………………………（34）
　　任务三　认识薪酬核算和管理活动…………………………………（38）
　　任务四　认识生产活动………………………………………………（40）
　　任务五　认识销售与收款业务………………………………………（43）
　　任务六　认识投资业务………………………………………………（48）
　　任务七　认识利润分配活动…………………………………………（52）

实验六　工业企业会计实训……………………………………………（54）
　　任务一　会计综合实训操作目标……………………………………（54）
　　任务二　企业工作基础数据…………………………………………（54）
　　任务三　2019年12月经济业务……………………………………（61）

实验七　福斯特会计沙盘模拟实训……………………………………（105）
　　任务一　会计沙盘系统简介…………………………………………（105）
　　任务二　模拟竞赛……………………………………………………（107）

附录一　会计实训账簿…………………………………………………（134）

附录二　会计相关法律及规章制度汇编………………………………（305）

主要参考文献……………………………………………………………（330）

注册成立公司

任务一 注册成立公司的程序

下面以注册成立河南博奥服饰有限公司为例,说明注册成立公司的程序:

1. 企业名称查询

申请名称预先核准登记。全体股东(发起人)指定代表或共同委托的代理人向当地工商局[①]提交申请名称预先核准。

办理程序:持股东(投资人)资格证明领取《名称(变更)预先核准申请书》《投资人授权委托意见》,填表(按公司命名要求一次可以最多起9个名称备查)、交表,领取《企业名称预先核准通知书》。

2. 注册公司

由董事会向当地工商局申请设立登记。

办理程序:出示《企业名称预先核准通知书》,领取《企业设立登记申请书》,同时领取《企业设立登记申请书》相关表格。

3. 验资

交存企业注册资金。

办理程序:股东之一本人当面出示所有股东的身份证原件、填写入资单、存入注册资金、领取入资原始进账单。

4. 申领营业执照

营业执照是工商行政管理机关发给工商企业、个体经营者的准许从事某项生产经营活动

---

① 因为成立的河南博奥服饰有限公司是虚拟的,所以当地工商局等也是泛指概念,后文中公安局等也是泛指概念。

的凭证。没有营业执照的工商企业或个体经营者，一律不许开业。

办理程序：填写并提交《企业设立登记申请书》等材料，领取《准予设立（变更、注销、撤销）登记（备案）通知书》，5个工作日后，持《准予设立（变更、注销、撤销）登记（备案）通知书》交费，领取营业执照正副本。

5. 企业印章备案及刻制

办理程序：携带营业执照副本到当地公安局窗口备案，公安局在营业执照副本上印核准章，在指定的刻字社刻制公章、财务章、合同章、人名章等印鉴。

6. 申办组织机构代码证

组织机构代码证是各类组织机构在社会经济活动中的通行证。代码是组织机构代码的简称。组织机构代码是对在中华人民共和国境内依法注册、依法登记的机关、企事业单位、社会团体和民办非企业单位颁发的在全国范围内唯一的、始终不变的代码标识。

办理程序：领表、填表，提交单位公章等资料，交费、领取组织机构代码证书。

7. 申办税务登记证

税务登记证是从事生产、经营的纳税人向生产、经营地或者纳税义务发生地的主管税务机关申报办理税务登记时，由主管税务机关所颁发的登记凭证。除按照规定不需要发给税务登记证的情况外，纳税人办理开立银行账户，申请减税、免税、退税等事项时，必须持税务登记证。纳税人应将税务登记证正本在其生产、经营场所或者办公场所公开悬挂，接受税务机关检查。税务登记自领取营业执照之日起30日内办理。

8. 申请发票购用簿

需要领用发票的单位和个人，在向主管税务机关办理发票领用手续后，可以按税务机关确认的发票种类、数量以及领用方式，到税务机关领取发票。

办理材料及条件如下：

（1）企业需要提前开通网上纳税申报，签订税务、银行、企业三方扣款协议；

（2）税务登记证（副本原件）；

（3）税控IC卡或金税盘、税控盘、报税盘，需要提前到税务机关指定公司购买，并到主管税务机关发行；

（4）发票专用章，目前按要求必须是网络防伪印章。

9. 开立账户

开立基本账户的程序如下：

（1）持介绍信到拟开户银行领取开户申请书，填写有关信息，加盖企业公章。

（2）填写印鉴卡片一式三份、密码申请书一式两份。

（3）提交开户资料。

（4）银行审核资料。

填写开户银行基本信息及开立基本户的账号，并加盖开户银行业务公章。

（5）报送。

将1套开户资料复印件及开户申请书送交至人民银行。

（6）核准。

人民银行审查符合开立条件的，核准其开立基本存款账户。

10. 开转资证明和划转资金

办理程序：在当地工商局转资窗口开具转资证明，在入资银行划转资金。

11. 统计登记（领取营业执照之日起30日内办理）

办理程序：领取法人单位基本情况表、填表，并提交有关材料，统计登记。

12. 社会保险登记

略。

任务二 注册成立公司涉及的部门与材料

注册成立公司涉及的部门与材料如下：

1. 企业名称预先登记

办理事项：企业名称预先登记。

办事机构：当地工商局（为叙述简便，以下叙述中"当地"二字省略）。

办理地点：当地工商局登记窗口。

收费标准：无收费。

提供材料：

（1）《企业名称预先核准通知书》《投资人授权委托意见》。

（2）特殊行业需要的其他文件（详细内容参看工商局一次性告知单）。

2. 企业设立登记

办理事项：领取《企业设立登记申请书》。

办事机构：当地工商局。

办理地点：当地工商局登记窗口。

提供材料：

（1）《企业名称预先核准通知书》；

（2）《投资人授权委托意见》。

3. 交存企业注册资金

办理事项：入资（必须是股东之一亲自办理，不得委托他人代办）。

办事机构：当地工商局指定银行。

办理地点：当地工商局指定银行服务窗口。

提供材料：

以下仅供参考，请以各入资银行的具体要求为准：

(1)《企业名称预先核准通知书》或《企业名称变更核准通知书》原件及复印件,股东名录一份。

(2) 所有股东身份证原件及复印件,并在复印件上注明各股东入资金额,法人单位出资的,提交出资单位营业执照副本原件及复印件(加盖公章)。

(3) 注册资金。

① 自然人出资:现金或银行通存通兑存折或卡;

② 法人出资:出资单位支票和新成立法人的人名章及委托书。

4. 办理法定验资手续

办理事项:办理法定验资手续。

办事机构:各法定验资机构、会计师事务所。

收费标准:注册资金 30 万元(含)以上,按注册资金的 2‰收取,30 万元以下,收费 600 元。

提供材料:

根据各申办企业情况不同,提供材料的要求也不同,以下内容仅供参考:

(1)《企业名称预先核准通知书》;

(2) 填写完整的《企业设立登记申请书》;

(3) 由入资银行开具的入资单;

(4) 全体股东资格证明;

(5) 公司章程;

(6) 法人股东单位的《资产负债表》《损益表》。

5. 工商注册、领取营业执照

办理事项:工商注册、领取营业执照。

办事机构:当地工商局。

办理地点:当地工商局服务窗口。

收费标准:注册资金 1 000 万元以下的,按 0.8‰收取,超过 1 000 万元的部分,按 0.4‰收取;超过 1 亿元的,超过部分不再收取。

提供材料:由于企业的性质不同,提供的材料也不同。(具体可咨询工商局)

(1)《企业设立登记申请书》;

(2) 公司章程(提交打印件一份,请全体股东亲笔签字;有法人股东的,要加盖该法人单位公章);

(3) 法定验资报告;

(4)《企业名称预先核准通知书》《预核准名称投资人名录表》;

(5) 股东资格证明;

(6)《指定(委托)书》;

(7)《企业秘书(联系人)登记表》;

(8) 经营范围涉及许可项目的,应提交有关审批部门的批准文件;

(9) 公司还应提交打印的与公司章程载明的股东姓名(名称)、出资时间、出资方式、出资额一致的股东名录和董事、经理、监事成员名录一份。

6. 企业印章备案及刻制

办理事项：企业印章备案及刻制。

办事机构：当地公安局及其指定的刻字社。

办理地点：当地公安局服务窗口、当地公安局指定的刻字社。

收费标准：当地公安局备案免费；刻章费：共计365元（其中财务章180元/枚、公章70元/枚、合同章70元/枚、人名章45元/枚）（此为行业规范价格，仅供参考）。

提供材料：

（1）营业执照副本原件及复印件；

（2）法人代表身份证原件及复印件；

（3）经办人身份证原件及复印件；

（4）全民、集体所有制企业以及企业的分支机构应出示上级主管部门的介绍信；有限公司参股股东（包括法人股的）应持其中一家法人单位介绍信。

7. 企业法人代码登记

办理事项：企业法人代码登记。

办事机构：当地质量技术监督局。

办理地点：当地质量技术监督局服务窗口。

提供材料：

（1）营业执照副本原件及复印件；

（2）单位公章；

（3）法人代表身份证原件及复印件（非法人单位提交负责人身份证原件及复印件）；

（4）全民、集体所有制企业和非法人单位提交上级主管部门代码证书复印件；

（5）单位邮编、电话、正式职工人数。

8. 税务登记

办理事项：税务登记（自领取营业执照之日起30日内办理）。

办理地点：当地税务局服务窗口。

收费标准：10元/套（税务登记工本费）。

提供材料：

（1）营业执照副本原件及复印件；

（2）组织机构代码证书原件及复印件；

（3）法人代表身份证原件及复印件；

（4）银行开户许可证原件及复印件（可后补）；

（5）公司或企业章程原件及复印件；

（6）房产证明或租赁协议复印件；

（7）印章；

（8）从外地转入的企业，必须提供原登记机关完税证明（纳税清算表）；

（9）税务机关要求提供的其他有关材料。

9. 开设银行账号

办理事项：开设银行账号。

办事机构：面向企业的银行分支机构。

办理地点：就近银行。

提供材料：

以各入资银行的具体要求为准，以下内容仅供参考：

（1）营业执照正副本原件及复印件；

（2）组织机构代码证书正副本原件及复印件；

（3）税务登记证正副本原件及复印件；

（4）法人代表身份证原件及复印件；

（5）公章、财务章、法人代表名章。

10. 开转资证明和划转资金

办理事项：开转资证明和划转资金。

办事机构：在当地工商局开转资证明，在入资银行划转资金。

办理地点：当地工商局转资窗口。

提供材料：

以各入资银行的具体要求为准，以下内容仅供参考：

（1）工商局开具的转资证明（出具营业执照正本或副本原件、开户许可证原件、交存入资凭证的企业留存联、经办人身份证原件，方可领取转资证明）；

（2）股东之一（原办理入资的股东亲自来办）本人持身份证原件及复印件办理转资；

（3）营业执照正副本、组织机构代码证书原件；

（4）开户银行的开户许可证原件和交换号；

（5）入资时的原始进账单及印鉴卡（副卡）。

11. 办理统计登记

办理事项：办理统计登记（领取营业执照之日起30日内办理）。

办事机构：当地统计局。

办理地点：当地统计局服务窗口。

提供材料：

（1）法人单位基本情况表加盖公章，一式一份；

（2）组织机构代码证书正副本原件及复印件、税控IC卡。

12. 社会保险登记

办理事项：社会保险登记。

办事机构：当地劳动局社保中心。

提供材料：

（1）营业执照副本原件及复印件；

(2) 法人代码证书原件及复印件;
(3) 缴费企业单位的公章、法人身份证原件及复印件;
(4) 开户银行名称、账号、交换号及复印件,企业所属街道名称。

任务三 公司简介

本套实训以河南博奥服饰有限公司(以下简称公司)2019年12月发生的业务为主线,让学生学做从公司建账、日常经济业务处理、产品成本计算、利润核算、利润分配到最后编制企业会计报表的全部工作。

公司基本情况如下:
(1) 企业名称:河南博奥服饰有限公司;
(2) 法人代表:王墨真;
(3) 注册地址:河南省银花市云鹤路19号;
(4) 公司性质:有限责任公司;
(5) 纳税人登记号:4125 7536 8236 678;
(6) 开户银行:中国工商银行银花支行;
(7) 银行账号:0522 2673 5937 53456;
(8) 注册资金100万元;
(9) 电话:0137-69752974。

任务四 内部机构设置

河南博奥服饰有限公司下设5个部门,分别是行政部门、业务部门、生产部门、仓储部门、财务部门。具体机构设置如图1-1所示。

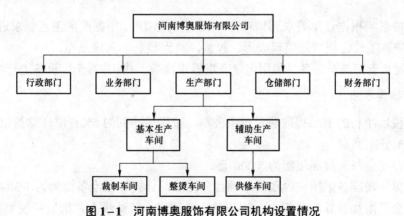

图1-1 河南博奥服饰有限公司机构设置情况

(1) 行政部门:厂办部门、人事部门等;
(2) 业务部门:采购部门、销售部门等;
(3) 生产部门:其中2个基本生产车间(分别是裁制车间、整烫车间)、1个辅助生产车间（供修车间）；

（4）仓储部门；

（5）财务部门：公司全部财务管理和会计工作实行厂部集中核算。该公司财务部门共5人，其中财务主管1人，负责财务部门的全面工作；出纳1人，负责货币资金收付业务；会计员3人，负责其他经济事务。该公司会计岗位分工情况如表1-1所示。

表1-1　河南博奥服饰有限公司会计岗位分工情况

职务	姓名	主要职责
财务主管	李鹤洋	负责会计工作和财务管理工作计划及实施，进行财务分析、评价，审签财务报告，组织制定本公司各项财务会计制度，协调与公司上级和其他部门以及社会各有关部门的关系，负责日常会计工作，处理会计疑难问题，审核凭证、登记总账、编制财务报表，保管相关印章
会计员	王晓芳、张毅、赵丽健	分别负责往来、职工薪酬、材料、成本费用、固定资产、销售以及税金等会计核算
出纳	刘莉	负责货币资金的收付业务、日记账的登记，以及有价证券、空白收据、空白支票、商业汇票等重要凭证和票据的保管工作，并保管库存现金

任务五　生产工艺过程及会计核算方法

1. 生产工艺过程

河南博奥服饰有限公司以西裤专业化生产为主，库存商品为成品裤子，主要有化纤西裤、混纺西裤、羊毛西裤。其生产部门包括基本生产车间（以下简称基本车间）（裁制车间、整烫车间）和辅助生产车间（以下简称辅助车间）（供修车间）。

生产工艺流程为：

（1）裁制车间根据订单数量到原料库领用相应的布料进行预缩，检验合格后根据技术要求进行裁剪。

（2）整烫车间根据订单要求到辅料仓库领用相应辅料。根据产品工艺要求进行缝扣、缝拉链、缝口袋等工作，把产品整理成形、包装，清点数量，入成品库。

供修车间负责记录全厂各单位用电量及电器维修等工作，并对全厂设备进行维护和修理。

2. 会计核算方法

（1）按税后净利的10%提取法定盈余公积，按税后净利的5%提取任意盈余公积，按税后净利的30%分配利润。

（2）库存现金每天最高限额为5 000元。

（3）计提坏账准备采用应收账款余额百分比法，计提坏账准备比例为1.5‰。

（4）税金及附加核算相关规定。该公司为增值税一般纳税人，增值税税率为13%，按月缴纳。城市维护建设税、教育费附加及地方教育费附加分别按流转税的7%、3%和1%计算，按月缴纳。企业所得税税率为25%，按月预计，按季预缴，全年汇算清缴。

（5）存货核算相关规定。该公司存货包括原材料、包装物、低值易耗品、库存商品等，均按实际成本核算。发出原材料、周转材料的单位成本按移动加权平均计算，已销产品单位成本按月末一次加权平均计算。

(6) 成本费用核算相关规定。该公司设置"生产成本——基本生产成本""生产成本——辅助生产成本"明细分类账，并按照车间和成本设置明细账；辅助车间生产费用采用直接分配法分配；制造费用按照生产工时比例分配。在完工产品成本的计算上，采用分批法核算。

期末成本核算时分配率保留四位小数，分配金额保留两位小数。先计算期末存货成本，倒挤发出存货成本，尾差计入发出产品成本中。其他计算结果均保留两位小数，金额为百分数的，保留百分数后两位小数。

(7) 职工薪酬核算相关规定。职工薪酬的核算由职工薪酬核算岗位人员每月按照人事部门提供的出勤记录等原始资料计算应付职工薪酬，并按应付职工薪酬计算代扣代缴职工个人应该负担的"三险一金"，其中，个人承担的基本医疗保险为 2%，失业保险为 1%，养老保险为 8%，住房公积金为 10%，负责计算职工个人所得税（起征点为 5 000 元）并代缴，负责代扣其他款项。每月按照职工薪酬计算并缴纳公司应该承担的"五险一金"，其中，基本医疗保险为 8%，失业保险为 2%，养老保险为 20%，工伤保险为 0.5%，生育保险为 1%，住房公积金为 10%。职工薪酬按照生产工时比例分配。

(8) 固定资产、无形资产等核算相关规定。该公司固定资产分为房屋及建筑物、机器设备、运输设备和办公设备四类，预计净残值率全部按 4%计算，按直线法计提折旧，折旧率保留百分数后两位小数。按照企业会计准则规定，固定资产按月计提折旧，当月增加的固定资产当月不提折旧，从下月起计提折旧；当月减少的固定资产当月照提折旧，从下月起不提折旧。

(9) 公司的核算流程。

公司采用科目汇总表会计核算形式，月末编制一次科目汇总表，并登记总账。公司的会计核算流程如图 1-2 所示。

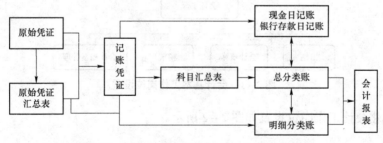

图 1-2　河南博奥服饰有限公司会计核算流程

① 根据原始凭证编制原始凭证汇总表；
② 根据原始凭证或原始凭证汇总表编制记账凭证（收付转凭证或通用记账凭证）；
③ 根据记账凭证（只包含收款、付款业务的凭证）登记现金日记账和银行存款日记账；
④ 根据原始凭证或原始凭证汇总表、记账凭证逐笔登记明细分类账（简称明细账）；
⑤ 根据记账凭证编制科目汇总表；
⑥ 根据科目汇总表登记总分类账（简称总账）；
⑦ 月终，把现金日记账、银行存款日记账、明细分类账的余额合计数分别与总分类账户余额核对相符；
⑧ 月终，根据总分类账和明细分类账编制会计报表。

会计机构设置

任务一 公司会计机构设置

公司会计机构工作岗位可以分为会计基本工作岗位和电算化会计工作岗位。

（1）会计基本工作岗位共设置 5 个，岗位设置如图 2-1 所示。

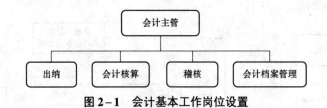

图 2-1 会计基本工作岗位设置

（2）电算化会计工作岗位设置如图 2-2 所示。

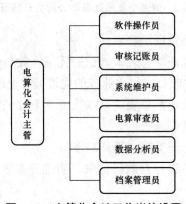

图 2-2 电算化会计工作岗位设置

任务二　会计机构人员分工

一、会计基本工作岗位主要职责

1. 会计主管岗位主要职责

（1）负责财务部的全面工作，认真贯彻国家财经法规，有权拒绝违反公司财务制度的开支，重大问题向公司经理汇报。
（2）负责资金筹集及资金使用安排，提高资金使用效果。
（3）组织编制本公司年度财务预算和计划。
（4）负责公司会计人员的业务指导和培训，参与对会计人员聘用与调配的工作。
（5）保管好专用印章、印鉴和有关财务的重要文件。

2. 出纳岗位主要职责

（1）认真执行国家现金管理和银行结算制度，遵守财经纪律，及时准确办理现金收付和银行结算业务，根据稽核人员审核签章的收付款凭证，认真进行复核工作，办理款项收付。
（2）序时及时登记现金日记账和银行存款日记账，做到现金日记账、银行存款日记账日清月结，月末与总账核对相符，账款相符；不得以白条顶抵现金，不得超额保存现金，不得坐支现金。
（3）随时掌握银行存款余额，及时办理和传递各种银行结算票据；按月核对银行对账单，月末编制银行存款余额调节表；不准签发空头支票，不准出借银行账户。
（4）负责妥善保管库存现金和各种有价证券，保管有关印章、空白票据和空白支票，领用的收据、发票要设簿登记，保管保险柜钥匙。
（5）出纳人员不得兼管收入、费用、债权、债务账簿登记和稽核、会计档案保管工作，不得一人保管签发支票所使用的各种印章。

3. 会计核算岗位主要职责

（1）负责收入、成本、利润的核算。
（2）负责编制成本费用预算，并对预算执行情况进行分析。
（3）负责成本资料的收集、整理和会计信息反馈。
（4）负责编制会计报表，编写财务情况说明书，对外报送各种会计报表和数据。
（5）负责各种税费的提取申报，管理增值税发票和销售发票。

4. 稽核岗位主要职责

（1）按国家财经法规以及公司财务制度规定，审核各类原始凭证，经稽核后的收支单据交出纳人员办理收付转账手续，并负责稽查核对出纳人员的现金日记账、银行存款日记账与库存情况，核对往来账并清理职工备用金，在审核过程中如发现有手续不完备、数字差错等问题，可退还经办人或要求其补办手续。
（2）审核成本费用核算资料及开支内容，力求成本费用核算真实、正确。

（3）复核会计凭证、各类账簿和会计报表等会计资料的合法性、完整性，做到手续齐备、内容真实、数字准确；发现差错，应责成有关人员查明更正和处理；稽核人员要对签署的凭证、账簿和会计报表负责。

（4）稽核流动资产、固定资产等财产物资的实物量，要求做到账实相符，如发现财产物资短缺、账实不符，应查明原因，分别根据不同原因和情况，按规定报请公司最高管理层进行处理。

5. 会计档案管理岗位主要职责

（1）按照《会计档案管理办法》的有关规定，负责对本单位的各种会计凭证、会计账簿、财务报表等会计资料进行收集、整理立卷，装订成册，编制目录，妥善保管，防止丢失损坏。每年的会计资料必须在次年5月底前整理归档完毕。

（2）负责按规定建立会计档案保管、调阅制度，并负责办理调阅登记手续。

（3）负责对保管期满的会计档案进行鉴定和办理申报销毁手续，并按规定作销毁处理。

二、电算化会计工作岗位主要职责

1. 电算化会计主管岗位主要职责

负责协调计算机及会计软件系统的运行工作，要求具备会计和计算机知识，以及相关的会计电算化组织管理经验。电算化会计主管可由会计主管兼任。

2. 软件操作员岗位主要职责

负责所分管业务的数据输入、处理、备份和输出（包括打印输出凭证、账簿、报表），以及对审核记账人员提出的错误会计数据进行修改等。

3. 审核记账员岗位主要职责

负责对输入计算机的会计数据进行审核，操作会计软件，登记机内账簿，对打印输出的账簿、报表进行确认。该岗位要求具备会计和计算机知识，达到会计电算化初级知识水平，可以由会计主管兼任。

4. 系统维护员岗位主要职责

负责保证计算机硬件、软件的正常运行，管理机内数据。该岗位要求具备计算机和会计知识，达到会计电算化中级知识水平。

5. 电算审查员岗位主要职责

负责监督计算机及会计软件系统的运行，防止利用计算机进行舞弊。该岗位要求具备计算机和会计知识，达到会计电算化中级知识水平，该岗位可以由会计稽核人员兼任。

6. 数据分析员岗位主要职责

负责对计算机的会计数据进行分析。该岗位要求具备计算机和会计知识，达到会计电算化中级知识水平，该岗位可由会计主管兼任。

7. 档案管理员岗位主要职责

负责对数据软盘、程序软盘、打印输出的凭证、账簿、会计报表以及会计系统开发的各种档案的保管和保密工作。

任务三 会计核算方法的介绍

一、货币资金核算

（1）现金和银行存款核算设置日记账，并按照业务发生顺序进行序时登记，做到日清月结。月末，应将银行存款账面余额与银行对账单相核对，并编制银行存款余额调节表。

（2）对于在一年以内变现的股票和债券，按实际支付的款项登记入账。有价证券的股利或利息收入作为投资收益。

二、债权债务核算

1. 债权债务账户核算方法

对债权债务账户可以按单位或个人设立明细账，及时、详细、完整地登记每笔往来款项，每季度进行一次账龄分析。除对应收账款定期发函核对账目外，对发生额超过100万元的账户，每年至少与对方财务部门面对面核对账目3次；对发生额在50万～100万元的账户，每年至少与对方财务部门面对面核对账目2次；对发生额在20万～30万元的账户，每年至少与对方财务部门面对面核对账目1次；对发生额不足20万元的账户，原则上采用按季度信函对账的方式核对。

2. 坏账核算方法

（1）直接转销法是指在坏账损失实际发生时，直接借记"资产减值损失——坏账损失"科目，贷记"应收账款"科目。这种方法核算简单，不需要设置"坏账准备"科目。关于直接转销法，还应掌握以下两个要点：

① 该法不符合权责发生制和配比原则；

② 在该法下，如果已冲销的应收账款以后又收回，应做两笔会计分录，即先借记"应收账款"科目，贷记"资产减值损失——坏账损失"科目；然后再借记"银行存款"科目，贷记"应收账款"科目。

（2）备抵法是指在坏账损失实际发生前，就依据权责发生制原则估计损失，并同时形成坏账准备，待坏账损失实际发生时再冲减坏账准备。估计坏账损失时，借记"资产减值损失——计提的坏账准备"科目，贷记"坏账准备"科目；坏账损失实际发生时（即符合前述的三个条件之一），借记"坏账准备"科目，贷记"应收账款"科目。

已确认并转销的应收款项以后又收回时，借记"应收账款"科目，贷记"坏账准备"科目，同时，借记"银行存款"科目，贷记"应收账款"科目。

(3) 坏账的确认标准如下：
① 因债务人破产，依照法定程序清偿后，确定无法收回的应收款项；
② 因债务人死亡，既无遗产可供清偿，又无义务承担人，确定无法收回的应收款项；
③ 因债务人逾期三年未履行偿债义务，经公司股东会批准，可以列作坏账的应收款项。

3. 建立应收票据登记台账

建立应收票据登记台账，详细记载各类应收票据的收、付、转让、承兑和结存情况。

三、存货核算

1. 存货种类

存货包括原材料、辅助材料、外协件、备品备件、包装物、低值易耗品、在产品、产成品等物资。

2. 存货计价方法

存货计价方法有计划成本法和实际成本法，实际成本包括存货采购价、运杂费、包装费、仓储费、保险费、运输途中的合理损耗等。除此之外，存货计价方法还有以下几种：

（1）先进先出法。

先进先出法是假定先收到的存货先发出或先收到的存货先耗用，并根据这种假定的存货流转次序对发出存货和期末存货进行计价的一种方法。

（2）月末一次加权平均法。

月末一次加权平均法是根据期初存货结余和本期收入存货的数量及进价成本，期末一次计算存货的本月加权平均单价，作为计算本期发出存货成本和期末结存价值的单价，以求得本期发出存货成本和结存存货价值的一种方法。

（3）移动加权平均法。

移动加权平均法是指每次收货后，立即根据库存数量和总成本，计算出新的平均单价或成本的一种方法。

（4）后进先出法。

后进先出法是假定后收到的存货先发出或后收到的存货先耗用，并根据这种假定的存货流转次序对发出存货和期末存货进行计价的一种方法。新的《企业会计准则第1号——存货》第14条明确规定："企业应当采用先进先出法、加权平均法或者个别计价法确定发出存货的实际成本。"取消了现行准则中所允许的发出存货计价采用后进先出法的规定，主要原因是实物流和资金流的不同。

（5）个别计价法。

个别计价法是以每次（批）收入存货的实际成本作为计算各次（批）发出存货成本的依据。

3. 低值易耗品核算方法

低值易耗品于领用时一次摊销计入成本、费用。

4. 存货盘点的方法

存货盘点的方法有两种：一种是实地盘存制，另一种是永续盘存制。

（1）实地盘存制又称定期盘存制，是指企业平时只在账簿中登记存货的增加数，不记减少数，期末根据清点所得的实存数，计算本期存货的减少数等。

（2）采用永续盘存制，仓库的存货每年盘点两次；生产部门的在产品每月盘点一次。盘存数如果与账面记录不符，应及时查明原因，进行会计处理。

5. 存货核算方法

经相关有权人员审批后，对于盘盈的存货，冲减相关费用；盘亏或毁损的存货，在扣除过失人或保险公司的赔款和残料价值后，计入相关费用；由于非常原因造成的存货净损失，计入营业外支出。

6. 存货跌价准备的确认标准和计提方法

当存货遭受毁损、陈旧过时或市价低于其账面成本时，按其可变现净值与账面成本的差额、按存货类别，提取存货跌价准备。

四、待摊费用核算

待摊费用按其受益期限在1年内分期平均摊销，计入成本、费用。如果某项待摊费用不能使企业受益，应当将其摊余价值一次全部转入当期成本、费用。

五、长期投资核算

1. 长期股权投资核算方法

长期股权投资按取得时实际支付的价款或确定的价值记账。投资额占被投资企业权益性资本比例20%以下的，按成本法核算；投资额占被投资企业权益性资本比例20%以上且对其有重大影响的，按权益法核算。股权投资差额按合同规定的投资期限摊销，借方差额按不超过10年摊销，贷方差额按不少于10年摊销。

2. 长期债权投资核算方法

长期债权投资按取得时的实际成本计价，债券溢价、折价在债券持有期内采用直线法摊销，当期收益按应计提的利息及应摊销债券溢价、折价额确认。

3. 长期投资减值准备的计提

当市价持续下跌或被投资单位经营状况恶化时，根据可收回金额低于长期投资账面价值的差额按单项计提长期投资减值准备。

六、固定资产核算

1. 固定资产种类

固定资产是指企业使用期限超过1年的房屋、建筑物、机器、机械、运输工具以及其他与生产、经营有关的设备、器具、工具等。不属于生产经营主要设备的物品，单位价值在2 000元以上，并且使用年限超过2年的，也作为固定资产。

2. 固定资产折旧方法

我国会计准则中可选用的固定资产折旧方法包括年限平均法、工作量法、双倍余额递减法和年数总和法。

（1）年限平均法，又称直线法，是最简单并且常用的一种方法。此法是以固定资产的原价减去预计净残值除以预计使用年限，求得每年的折旧费用。在各年使用资产情况相同时，采用直线法比较恰当。

（2）工作量法，又称变动费用法，是根据实际工作量计提折旧额的一种方法。理论依据在于资产价值的降低是资产使用状况的函数。根据企业的经营活动情况或设备的使用状况来计提折旧。假定固定资产成本代表了购买一定数量的服务单位，然后按服务单位分配成本。

（3）双倍余额递减法，是在固定资产使用年限最后两年的前面各年，用年限平均法折旧率的两倍作为固定的折旧率乘以逐年递减的固定资产期初净值，得出各年应提折旧额的一种加速折旧的方法。在双倍余额递减法下，必须注意不能使固定资产的净值低于其预计净残值以下。

（4）年数总和法，又称年限合计法，是以固定资产的原价减去预计净残值的余额乘以固定资产尚可使用寿命为分子、以预计使用寿命逐年数字之和为分母的逐年递减的分数计算每年的折旧额。

固定资产从投入使用月份的次月起开始计提折旧；停用的固定资产从次月起停提折旧。提足折旧的逾龄固定资产不再计提折旧；提前报废的固定资产，不再补提折旧。计提折旧的基数以月初在用固定资产原值为依据。

公司应于年末对固定资产进行一次全面盘点。对于盘盈、盘亏、毁损的固定资产，应查明原因报管理层审批，盘盈的固定资产计入营业外收入，盘亏的净损失计入当期营业外支出。

七、在建工程核算

1. 在建工程种类

在建工程包括施工前期准备工程、正在施工中的建筑工程、安装工程、技术改造工程等。

2. 在建工程核算方法

（1）在建工程按实际发生的支出入账。所建造的固定资产自达到预定可使用状态之日起，根据工程预算、造价或工程实际成本等，按估计的价值转入固定资产并计提折旧，待办理了竣工决算手续后再作调整。

（2）在建工程借款所发生的利息支出，在工程交付使用前计入工程成本，在工程交付使用后计入当期损益。

（3）自营工程按直接材料、直接工资、直接机械施工费以及所分摊的工程管理费和有关的利息支出等计价。

（4）出包工程按照应当支付的工程价款以及所分摊的工程管理费和有关的利息支出等

计价。

（5）设备安装工程按照所安装设备的原价、工程安装费用、工程试运转支出以及所分摊的工程管理费和有关借款的利息支出等计价。

八、无形资产核算

1. 无形资产种类

无形资产是指公司长期使用但没有实物形态的非货币性长期资产，包括专利权、商标权、著作权、土地使用权、非专利权、商誉等。

2. 无形资产核算方法

（1）投资人投入的无形资产，按照合同、协议或者企业申请书中所列的金额以及应由企业负担的有关费用入账；购入的无形资产按照实际支付的价款入账。

（2）无形资产自取得当月起在预计使用年限内分期平均摊销，如果相关合同或法律有规定年限的，摊销期不超过相关合同或法律规定年限，无规定受益期的按 10 年摊销。当预计某项无形资产已经不能给公司带来未来经济利益时，将其账面价值全部转入当期管理费用。

（3）公司购入或以支付土地出让金方式取得的土地使用权，在尚未开发或建造自用项目前，作为无形资产核算，并按规定的期限（其中：生产用地使用年限为 40 年）摊销。待该项土地开发使用时，再将其账面价值转入相关在建工程。

（4）公司所取得的土地使用权，法律规定的有效期若与房屋建筑物的预计使用年限不一致，应将土地使用权有效年限超过房屋建筑物预计使用年限的差额年限待分摊的价值作为固定资产的残值处理，待固定资产报废清理完毕后转回"无形资产——土地使用权"科目。

九、长期待摊费用核算

（1）长期待摊费用是指企业已经支出，但摊销期限在 1 年以上（不含 1 年）的各项费用。

（2）长期待摊费用在费用项目的受益期限内分期平均摊销；如果长期待摊的费用项目不能使公司在以后的会计期间受益，则将尚未摊销的该项目的摊余价值全部转入当期损益。

（3）除购建固定资产以外，所有筹建期间所发生的费用支出，先在长期待摊费用中归集，待企业开始生产经营时，一次计入开始生产经营当月的损益。

十、流动负债核算

公司各项流动负债，按实际发生额入账。短期借款、带息应付票据、短期应付债券按照借款本金或债券面值和确定的利率按期计提利息，计入损益。

十一、长期负债核算

（1）公司各项长期负债应当分长期借款、应付债券、长期应付款进行核算，并在资产负债表中分列项目反映。长期负债应当以实际发生额入账。

（2）一年内到期偿还的长期负债，在资产负债表中应当作为一项流动负债，单独反映。

（3）长期负债应当按照负债本金或债券面值，按照规定的利率按期计提利息，分别计入工程成本或当期财务费用。

（4）融资租入的固定资产，应在租赁开始日按应支付的租赁付款额及其他相关费用进行相关账务处理。

十二、借款费用核算

（1）除为购建固定资产的专门借款所发生的借款费用外，其他借款费用均应于发生当期确认为费用，直接计入当期财务费用。

（2）公司筹建期间发生的不计入固定资产价值的借款费用计入开办费用。

（3）为购建某项固定资产而借入的专门借款所发生的利息、折价或溢价的摊销、汇兑差额，在同时满足以下三个条件时，计入所购建固定资产的成本：

① 资产支出（只包括为购建固定资产而以支付现金、转移非现金资产或者承担带息债务形式发生的支出）已经发生；

② 借款费用已经发生；

③ 为使资产达到预定可使用状态所必要的购建活动已经开始。

（4）公司为购建固定资产而借入的专门借款所发生的借款利息、折价或溢价的摊销、汇兑差额，满足上述资本化条件的，在所购建的固定资产达到预定可使用状态前所发生的，应当予以资本化，计入所购建固定资产的成本；在所购建的固定资产达到预定可使用状态后所发生的，应于发生当期直接计入当期财务费用。

十三、实收资本核算

1. 投资者以现金投入的资本核算方法

投资者以现金投入的资本，应当以实际收到或者存入公司开户银行的金额作为实收资本入账。实际收到或者存入企业开户银行的金额超过公司注册资本中所占份额的部分，计入资本公积。

2. 投资者以非现金资产投入的资本核算方法

投资者以非现金资产投入的资本，应在办理实物产权转移手续时，按投资各方确认的价值或合同、协议约定的价值作为实收资本入账。对于投资各方确认的价值超过其在被投资方注册资本中所占份额的部分，应计入资本公积。

3. 实收资本除下列情况外，不得随意变动

（1）符合增资条件，并经有关部门批准增资的，在实际取得投资者的出资时，登记入账。

（2）企业按法定程序报经批准减少注册资本的，在实际发还投资时登记入账。

十四、资本公积与盈余公积核算

（1）资本公积按其形成的类别设置四个明细科目，包括"资本溢价""接受捐赠非现金资产准备""外币资本折算差额""其他资本公积"。资本公积准备项目不能转增资本。

（2）公司将盈余公积分为法定盈余公积、任意盈余公积和法定公益金三部分。法定盈余

公积按税后利润的 10%提取,法定盈余公积累计达到注册资本 50%时可不再提取;任意盈余公积由股东会决议确定提取比例;法定公益金按税后利润的 5%～10%提取。

(3) 资本公积和盈余公积都可按照投资者的投资比例转为实收资本,转增后留存的盈余公积的数额不得少于注册资本的 25%。

十五、营业收入核算

(1) 公司已将产品所有权上的重要风险和报酬转移给买方,并不再对产品实施继续管理权和实际控制权,相关的收入已经收到或取得收款证据,并且与销售产品有关的成本能够可靠地计量时,确认为营业收入的实现。

(2) 公司在生产经营活动中按照合同、协议收受的佣金,计入营业外收入或者冲减有关经营成本;按照合同、协议支付的佣金,计入有关成本费用。

(3) 销售过程中发生的现金折扣在实际发生时计入当期费用,销售折让在实际发生时冲减当期收入。

(4) 公司已确认收入的售出商品发生销售退回的,应当冲减退回当期的收入。在年度资产负债表日及以前售出的商品,在资产负债表日至财务会计报告批准报出日之间发生的销售退回,应当作为资产负债表日后事项调整处理,调整资产负债表日编制的会计报表有关收入、费用、资产、负债、所有者权益等项目的数字。

十六、成本费用核算

(1) 成本费用按生产成本、制造费用、营业费用、管理费用、财务费用等项目进行归集、核算和管理。

(2) 在生产过程中实际消耗的直接材料、直接工资、其他直接支出计入生产成本。

(3) 各车间为组织和管理生产所发生的各项间接费用计入制造费用。

(4) 在产品销售过程中所发生的各种费用计入营业费用。

(5) 公司为组织和管理生产经营活动而发生的各项费用计入管理费用。

(6) 公司为筹集生产经营所需资金而发生的费用计入财务费用。

(7) 公司要进行产品成本核算的方法分为两类:一类是基本方法,一类是辅助方法。基本方法包括品种法、分批法、分步法,辅助方法有分类法、定额法。根据企业的不同管理制度可以选择不同的方法,辅助方法要结合基本方法才能得以应用,不得单独使用。

(8) 完工产品和在产品之间费用分配的方法有七种:在产品不计算成本法、在产品成本按年初数固定计算法、在产品成本按其所耗用的原材料费用计算、在产品按完工产品计算法、在产品成本按定额成本计算法、定额比例法、约当产量法。

(9) 公司根据规定的工资标准、工时、产量记录等资料,计算职工工资,计入成本费用。企业按规定给予职工的各种工资性质的补贴,也应计入成本费用。

(10) 下列各项开支不得列入成本费用:
① 为购置和建造固定资产的支出;
② 无形资产和其他资产的支出;
③ 对外投资的支出;

④ 被没收财物、支付滞纳金、罚款、违约金、赔偿金的支出；
⑤ 捐赠、赞助性支出；
⑥ 国家规定不得列入成本、费用的其他支出。

(11) 公司的下列费用按照规定提取和管理：
① 职工福利费按照公司职工工资总额的14%提取；
② 工会经费按照公司职工工资总额的2%提取；
③ 职工教育经费按公司职工工资总额的1.5%提取；
④ 业务招待费按实际发生额经主管领导审批后入账。

(12) 差旅费开支标准参照国家行政机关差旅费开支标准，结合公司及所在地区实际，拟订具体方案，经股东会批准后执行。

十七、利润核算

(1) 利润总额的构成和销售税金的核算要严格按照国家有关规定计算。
(2) 营业外收入和营业外支出应当分别核算，并在利润表中分列项目反映。
(3) 公司发生年度亏损时，可以用下一年度的税前利润弥补；下一年度利润不足弥补的，可以在五年内延续弥补；五年内不足弥补的，用税后利润等弥补。

十八、所得税核算

公司采用应付税款法进行所得税的核算，所得税按季预缴，年终汇算清缴。

十九、利润分配核算

公司缴纳所得税后的利润，按照下列顺序分配：
(1) 列支被没收的财物损失，支付各项税收的滞纳金和罚款。
(2) 弥补公司以前年度亏损。
(3) 提取法定盈余公积，法定盈余公积已达到公司注册资本50%时，可不再提取。
(4) 提取法定公益金。
(5) 根据需要提取任意盈余公积。
(6) 向投资者分配利润。公司以前年度未分配的利润，可以并入本年度向投资者分配。

认识会计资料

任务一　认识原始凭证

一、原始凭证的概念

原始凭证是在经济业务发生时取得或填制的,用来证明经济业务的发生,明确经济责任,并作为记账依据的书面文件,我国企业会计准则规定,各单位必须取得或者填制原始凭证,并及时送交会计机构。

原始凭证分为外来原始凭证与自制原始凭证,外来原始凭证是经济业务发生时,从其他单位取得的原始凭证,如供应单位的发货单等。自制原始凭证是由本单位经办业务的部门和人员在执行或完成经济业务时填制的凭证,自制原始凭证按其反映经济业务的方法不同,又可分为一次凭证、累计凭证和汇总凭证。

二、填制原始凭证的基本要求

(1) 原始凭证的内容必须具备凭证的名称、填制凭证的日期、填制凭证单位名称或者填制人姓名、经办人员的签名或者盖章、接受凭证单位名称、经济业务的内容以及数量、单价和金额。

(2) 从外单位取得的原始凭证,必须盖有填制单位的公章;从个人处取得的原始凭证,必须有填制人员的签名或者盖章。自制原始凭证必须有经办单位领导人或者其指定的人员签名或者盖章。对外开出的原始凭证,必须加盖本单位公章。

(3) 凡填有大写和小写金额的原始凭证,大写与小写金额必须相符。购买实物的原始凭证,必须有验收证明。支付款项的原始凭证,必须有收款单位和收款人的收款证明。

(4) 一式几联的原始凭证,应当注明各联的用途,只能以一联作为报销凭证。一式几联的发票和收据，必须用双面复写纸（发票和收据本身具备复写纸功能的除外）套写，并连续编号。作废时应当加盖"作废"戳记，连同存根一起保存，不得撕毁。

（5）发生销货退回的，除填制退货发票外，还必须有退货验收证明；退款时，必须取得对方的收款收据或者汇款银行的凭证，不得以退货发票代替收据。

（6）职工因公出差的借款凭据，必须附在记账凭证之后。收回借款时，应当另开收据或者退还借据副本，不得退还原借款收据。

（7）经上级有关部门批准的经济业务，应当将批准文件作为原始凭证附件，如果批准文件需要单独归档，应当在凭证上注明批准机关名称、日期和文件字号。

（8）原始凭证不得涂改、挖补。发现原始凭证有错误的，应当由开出单位重开或者更正，更正处应当加盖开出单位的公章。

（9）原始凭证不得外借，其他单位如因特殊原因需要使用原始凭证时，经本单位会计机构负责人、会计主管人员批准，可以复制。向外单位提供的原始凭证复制件，应当在专设的登记簿上登记，并由提供人员和收取人员共同签名或者盖章。

（10）从外单位取得的原始凭证如有遗失，应当取得原开出单位盖有公章的证明，并注明原来凭证的号码、金额和内容等，由经办单位会计机构负责人、会计主管人员和单位领导人批准后，才能代作原始凭证。如果确实无法取得证明的，如火车、轮船、飞机票等凭证，由当事人写出详细情况，由经办单位会计机构负责人、会计主管人员和单位领导人批准后，代作原始凭证。

（11）对于数量较多的原始凭证，如收料单、发料单等，可以单独装订保管，在封面上注明记账凭证日期、编号、种类，同时在记账凭证上注明"附加另订"字样、原始凭证名称及编号。

（12）各种经济合同、存出保证金收据及涉外文件等重要原始凭证，应另行编制目录，单独登记保管，并在有关记账凭证和原始凭证上相互注明日期及编号。

任务二 认识账簿

一、账簿的概念

会计账簿是由具有一定格式且又相互联系的账页组成的，以审计无误的会计凭证为依据，用来连续、系统、全面地记录和反映各项经济业务的账簿。企业各项经济业务编制会计分录以后，应入有关账户，人们把这个记账步骤通常称为过账，或称为登记账簿。登记账簿作为会计核算的重要环节，必须严格以记账凭证为依据，并且要定期结账。

二、账簿的分类

由于企业发生的经济业务多种多样，企业管理上又需要不同的数据资料，因此，企业在会计核算中所设置和登记的账簿也就有所不同；不同的账簿，在用途、格式和登记方法等方面也会有所不同。

账簿按照其用途，可以分为序时账簿、分类账簿和备查账簿；账簿按照其外表形式，可以分为订本式账簿、活页式账簿和卡片式账簿；账簿按照其账页的格式，可以分为三栏式账簿、多栏式账簿、数量金额式账簿和平行登记式账簿。

任务三　认识报表

一、财务报告的概念

财务会计报告简称财务报告，是指企业对外提供的反映企业某一特定日期的财务状况和某一会计期间的经营成果、现金流量等会计信息的文件。财务报告包括财务报表和其他应当在财务报告中披露的相关信息和资料。

二、财务报表的种类

财务报表是对企业财务状况、经营成果和现金流量的结构性表述。根据企业会计准则的规定，企业对外提供的财务报表至少应当包括资产负债表、利润表、现金流量表、所有者权益（或股东权益）变动表以及附注等组成部分，并且这些组成部分具有同等的重要程度。

资产负债表是反映企业在某一特定日期财务状况的财务报表，提供了企业在某一特定日期所拥有或者控制的经济资源、所承担的现时义务和所有者对净资产的要求权信息。

利润表是反映企业在一定会计期间经营成果的财务报表，提供了企业在一定会计期间经营业绩的主要来源和构成信息。

现金流量表是反映企业在一定会计期间现金和现金等价物流入和流出的财务报表，提供了企业在一定会计期间现金的来源、现金的运用以及现金余额变化的信息。

任务四　会计资料填写规范

一、原始凭证书写规范

填制会计凭证，字迹必须清晰、工整，并符合下列要求：

（1）阿拉伯数字应当自上而下、先左后右进行书写，一个一个地写，不得连笔写。一般向右倾斜，数字与底线的夹角为60度左右。阿拉伯金额数字前面应当书写货币币种符号或者货币名称简写。币种符号与阿拉伯金额数字之间不得留有空白。凡阿拉伯数字前写有币种符号的，数字后面不再写货币单位。

（2）所有以元为单位（其他货币种类为货币基本单位，下同）的阿拉伯数字，除表示单价等情况外，一律填写到角分；无角分的，角位和分位可写"00"或者符号"－"；有角无分的，分位应当写"0"，不得用符号"－"代替。

（3）汉字大写数字金额如零、壹、贰、叁、肆、伍、陆、柒、捌、玖、拾、佰、仟、万、亿等，一律用正楷或者行书书写，不得用0、一、二、三、四、五、六、七、八、九、十等简化字代替，不得任意自造简化字。大写金额数字到元或者角为止的，在"元"或"角"字之后应当写"整"字或者"正"字；大写金额数字有分的，"分"字后面不写"整"或者

"正"字。

（4）大写金额数字前未印有货币名称的，应当加填货币名称，货币名称与金额数字之间不得留有空白。

（5）阿拉伯金额数字中间有"0"时，汉字大写金额要写"零"字；阿拉伯数字金额中间连续有几个"0"时，汉字大写金额中可以只写一个"零"字；阿拉伯金额数字元位是"0"，或者数字中间连续有几个"0"、元位也是"0"但角位不是"0"时，汉字大写金额可以只写一个"零"字，也可以不写"零"字。

二、会计账簿的登记要点

1. 填写项目齐全，内容完整

登记账簿时，需将账页中的日期、凭证编号、摘要、金额等项目填写齐全，摘要简明扼要，书写规范整齐，数字清晰无误。账簿中的月、日应填写记账凭证的日期，每一笔记账凭证中的业务登记完毕，都应在记账凭证"过账"栏内画"√"，表示过账完毕，避免重记、漏记。在登记账簿前，账簿登记人员应根据岗位责任制和内部牵制要求对审核过的记账凭证再复核一遍，如发现记账凭证有错误，可暂停登记，报告会计主管人员，由他作出修改或照登决定。在任何情况下，凡不兼任填制记账凭证工作的记账人员都不得自行更改记账凭证。

2. 账簿的登记依据需正确

（1）现金日记账和银行存款日记账，一般由出纳人员根据审核无误的现金、银行存款收付业务有关的记账凭证逐日逐笔登记。

（2）总分类账，由于各企业账务处理程序不同，可以根据记账凭证直接登记，也可以根据科目汇总表或其他方式登记。

（3）明细分类账，根据审核无误的、与现金和银行存款收付业务无关的记账凭证或原始凭证登记。

3. 书写规范

为了保持账簿记录的持久性，防止涂改，记账必须使用蓝黑墨水或碳素墨水，并用钢笔书写，不得使用圆珠笔或铅笔书写，除结账、改错、冲账、登记减少可以使用红笔登记外，其余账簿记录均不得使用红色墨水。在书写文字和数字时，不要写满格，一般应占格距的1/2，这样就可以在发现错误时，在该文字和数字的上面进行更正。

4. 保持连续登记

记账时，必须按账户页次逐页逐行登记，不得跳页、隔行，如无意发生隔行、跳页现象，应在空页、空行处用红色墨水画对角线注销，加盖"此页空白"或"此行空白"的戳记，并由记账人员签章。每一账页记录完毕结转下页时，为表现账目的连续性，应当结出本页合计数及余额，并在本页最后一行摘要栏注明"过次页"，在下页第一行摘要栏注明"承前页"，并将上页余额及发生额过入次页；也可以在上页最后一行不结计发生额合计及余额，而直接在次页第一行写出发生额合计数及余额。

财政部《会计基础工作规范》对于"过次页"的本页合计数的结计方法做了如下具体

规定：

（1）对现金、银行存款和收入、费用明细账等需要按月结计发生额账户，结计"过次页"的本页合计数应当是自本月初起至本页末止的发生额合计数。

（2）对需要结计本年累计发生额的某些明细账户，结计"过次页"的本页合计数应当是自年初起至本页末止的累计发生额。

（3）对不需按月和按年结计发生额的账户，可以只将每页末的余额结转次页。

5. 余额结计要求

凡需要结出余额的账户，结出余额后，应在借或贷栏内写明"借""贷"，表明余额方向，并在余额栏内写清余额。没有余额的账户，应当在借或贷栏内写"平"字，并在余额栏内"元"字的位置用"0"表示。

三、报表编制要求

1. 报表编制总要求

数字必须真实，计算必须准确；内容必须完整，说明必须清楚；编报必须及时，手续必须完备；前后保持一致，不得随意变动。

2. 编报规范及保管要求

（1）根据总账和明细账有关账户的余额填列，包括直接抄列、相加后填列、相减后填列，如资产负债表。

（2）根据总账和明细账有关账户的发生额填列，如利润表。

（3）会计报表的报送。企业应定期编制各种报表，并按编制要求完成。集中编制页数，加具封面，装订成册，经单位领导、总会计师或代理会计师职权的人员或会计主管人员签章，才能报送政府主管部门和其他报表使用者。

（4）会计报表分月装订，文字说明和财务情况说明书是会计报表的组成部分，应附在会计报表之后，以免丢失。所有的会计报表资料应归档妥善保管。

建立账簿

任务一　建立明细账

一、登记三栏式明细账

1. 登记三栏式明细账的表头

表头信息如页数、一级科目、明细科目等，根据业务按实填写。

2. 登记三栏式明细账的日期

日期栏填写登记入账的记账凭证日期。根据审核无误的记账凭证，按经济业务发生的先后顺序，以阿拉伯数字填写，格式为"××××年××月××日"，如2020年06月15日。

3. 登记三栏式明细账的凭证字号

凭证栏填写登记入账的记账凭证的种类和编号。其中，种类的填写在专用记账凭证中有"现收""现付""银收""银付""转"五种，在通用记账凭证中只有"记"一种。编号的填写为1、2、3、4、5、6、7、……

4. 登记三栏式明细账的摘要

摘要栏填写登记入账的经济业务的内容。

5. 登记三栏式明细账的借方金额、贷方金额

借方、贷方金额栏，登记记账凭证上对应明细科目的发生额。登记入账的借、贷方向与金额，与该科目在记账凭证上的借、贷方向与金额一致。借、贷金额一律写到角分，无角分的，角位和分位写"00"。

6. 确定三栏式明细账的余额方向及金额

根据经济业务计算并确定三栏式明细账的余额方向及金额，完成填写任务。金额写到角分，无角分的，角位和分位写"00"。

二、登记多栏式明细账

1. 登记多栏式明细账的表头

表头信息如页数、科目名称等，根据业务按实填写。

2. 登记多栏式明细账的日期

日期栏填写登记入账的记账凭证日期。根据审核无误的记账凭证，按经济业务发生的先后顺序，以阿拉伯数字填写，格式为"××××年××月××日"，如2016年01月01日。

3. 登记多栏式明细账的凭证字号

凭证栏填写登记入账的记账凭证的种类和编号。其中，种类的填写在专用记账凭证中有"现收""现付""银收""银付""转"五种，在通用记账凭证中只有"记"一种。编号的填写为1、2、3、4、5、6、7、……

4. 登记多栏式明细账的摘要

摘要栏填写登记入账的经济业务的内容。

5. 登记多栏式明细账的借方金额、贷方金额

借方、贷方金额栏，填写登记入账的记账凭证上对应明细科目的发生额。登记入账的借、贷方向与金额，与该科目在记账凭证上的借、贷方向与金额一致。借、贷金额一律写到角分，无角分的，角位和分位写"00"。

对借方多栏的，需填写借方多栏相应金额。

对贷方多栏的，需填写贷方多栏相应金额。

对借方和贷方多栏的，需填写借方和贷方多栏相应金额。

6. 确定多栏式明细账的余额方向及金额

根据"上一行余额＋本行新增－本行减少＝本行余额"的公式，逐行结出余额，金额写到角分，无角分的，角位和分位写"00"。

三、登记数量金额式明细账的表头

1. 登记数量金额式明细账的表头

表头信息如类别、名称、编号、规格、页数、存放地点、计量单位等，根据业务按实填写。

2. 登记数量金额式明细账的日期

日期栏填写财产物资收入、发出的日期，按收入、发出业务发生的先后顺序，以阿拉伯

数字填写，格式为"××××年××月××日"，如2020年06月05日。

3. 登记数量金额式明细账的凭证编号

凭证编号栏填写收入、发出业务相关原始凭证的名称与编号，如收料1、收料2、领料1、领料2。

4. 登记数量金额式明细账的摘要

摘要栏填写财产物资收入、发出业务的内容。

5. 登记数量金额式明细账收入栏的数量、单价、金额

数量金额式明细账的收入数量、单价、金额，根据企业有关财产物资的收入信息填写。

6. 登记数量金额式明细账发出栏的数量、单价、金额

数量金额式明细账的发出数量、单价、金额，根据企业有关财产物资的发出信息填写。在先进先出法中，填写数量、单价、金额，对于一次发出一种以上财产物资的，发出栏分行填写；在加权平均法中，发出栏日常只填写数量，不填写单价与金额。

7. 确定数量金额式明细账结存栏的数量、单价、金额

数量金额式明细账的结存数量、单价、金额，根据企业有关财产物资的结存情况填写。在先进先出法中，填写数量、单价、金额，对于结存一种以上财产物资的，结存栏分行填写；在加权平均法中，结存栏日常只填写数量，不填写单价与金额。

月末结账时，在先进先出法中，收入栏填写数量、金额，发出栏填写数量、金额，结存栏填写数量、单价、金额；在加权平均法中，收入栏填写数量、金额，发出栏填写数量、单价、金额，其中金额通过倒挤计算填写，结存栏填写数量、单价、金额。

任务二 建立日记账

一、登记日记账的日期

银行存款日记账的日期根据与银行存款收付业务有关的记账凭证，按时间先后顺序逐日逐笔填写；现金日记账的日期根据与现金收付业务有关的记账凭证，按时间先后顺序逐日逐笔填写。日期以阿拉伯数字填写，格式为"××××年××月××日"，如2020年01月01日，其中：

月包括：01、02、03、04、05、06、07、08、09、10、11、12。

日包括：01、02、03、04、05、06、07、08、09、10、11、12、13、14、15、16、17、18、19、20、21、22、23、24、25、26、27、28、29、30、31。

二、登记日记账的凭证字号

银行存款日记账与现金日记账的凭证栏填写登记入账的记账凭证的种类和编号。其中，种类的填写在专用记账凭证中有"现收""现付""银收""银付"四种，在通用记账凭证中

只有"记"一种。编号的填写为1、2、3、4、5、6、7、……

三、登记日记账的摘要、对方科目

银行存款日记账与现金日记账的摘要填写登记入账的经济业务的内容,对方科目在专用记账凭证中根据收、付款凭证中的贷方科目、借方科目名称填写,在通用记账凭证中根据借、贷分录的对方科目名称填写,遇对方科目有一个以上的,只填对方的第一个科目即可。

四、登记日记账的结算方式与借、贷金额

银行存款日记账的结算方式根据发生的经济业务的结算凭证的种类和编号填写,但该栏目是否设置,因各企业选用的银行存款日记账账页格式不一样,有些账页已不设结算凭证栏,此栏的填制不作强制要求;收入(借方)栏根据实际收到的银行存款金额填写;支出(贷方)栏根据实际支付的银行存款金额填写。

现金日记账的收入(借方)栏根据实际收到的现金金额填写;支出(贷方)栏根据实际支付的现金金额填写。

借、贷金额一律写到角分,无角分的,角位和分位写"00"。

五、确定日记账的结存金额

银行存款日记账的余额根据借方或贷方金额计算填列,其结果表示银行存款的结存数额。现金日记账根据"上日余额+本日收入−本日支出=本日余额"的公式逐日结出余额,遇日记账账页中设置借或贷栏的,在借或贷栏内填写"借"或"贷"的字样,并在余额栏内填写相应的金额。现金日记账要日清,需统计每日合计,填写当日借方发生合计数、贷方发生合计数,结计当日余额。结存金额写到角分,无角分的,角位和分位写"00"。

任务三 建立总账

一、登记总账的表头

表头信息,如会计科目编码、名称等,根据业务按实填写。其中,总账科目名称需填写科目全称,如"原材料""应交税费""银行存款",不得简写。

二、登记总账的日期

总账的日期,在记账凭证核算形式下根据记账凭证的日期填写,在科目汇总表核算形式下根据科目汇总表汇总截止的日期填写。日期以阿拉伯数字填写,格式为"××××年××月××日",如2020年01月15日、2020年01月31日。

三、登记总账的凭证编号

凭证编号填写登记入账的记账凭证或科目汇总表的种类和编号。根据记账凭证登记总账的种类,在专用记账凭证中有"现收""现付""银收""银付""转"五种,在通用记账凭证

中只有"记"一种。根据科目汇总表登记总账的，只有"汇"一种。编号的填写为1、2、3、4、5、6、7、……

四、登记总账的摘要

摘要栏填写登记入账的经济业务的内容，在记账凭证核算形式下，根据记账凭证的摘要内容填写；在科目汇总表核算形式下，填写"××—××日汇总过入"，如"01—15日汇总过入"。

五、登记总账的借方金额、贷方金额

借方、贷方金额栏，按记账凭证或科目汇总表上与总账科目相关的借、贷方向与金额填写，两者的借、贷方向与金额一致。金额写到角分，无角分的，角位和分位写"00"。

六、确定总账的余额方向及金额

根据业务要求计算并确定总账的余额方向，在借或贷栏中填写"借"或"贷"的字样，并填写余额。余额的金额写到角分，无角分的，角位和分位写"00"。

实验五

会计业务流程

任务一 认识筹资活动

筹资活动是企业为满足生存和发展的需要,通过资本筹资和债务筹资而进行的筹集资金的活动。筹资活动为企业完成其经营目标和战略措施奠定了基础,管理层为了取得收入并促进企业的成长,将获取和使用各种资本来源,并通过权益或借款来筹集这些资本。

一、筹资活动涉及的主要业务活动

1. 审批授权

企业通过借款筹集资金,需经过企业管理层的审批,其中债券的发行每次均要经过董事会的审批授权;企业发行股票,必须依据国家有关法规和公司章程的规定,由企业董事会、股东大会批准和中国证监会"发审委"审批。

2. 签订合同或协议

向银行或其他金融机构借款,必须签订借款合同。发行债券需签订债券契约和债券承销或包销协议,合同或协议中应明确借款的金额、利率、利息计算和支付方式期限以及本金偿还方式等。向社会募集股本,还要与投资银行签订保荐承销协议。

3. 获得资金

签订合同或协议后,企业可以在规定的期限内按照规定的程序实际取得银行或金融机构划入的款项或债券、股票的融入资金,用于企业的经营与投资活动。

4. 计算应付利息或股利

企业应该按照有关借款合同或协议的规定及时计算利息,这不仅有利于企业有效、合法地履行合同义务，也有利于企业对资金获得成本进行计量和控制，此外，企业也应根据董事会批准、股东大会通过的股利分配方案计算应付股东的股利。

5. 偿还本息或发放股利

银行借款或发行债券，应按有关合同或协议的规定偿还本息，融入的股本根据股东大会的决定发放股利。

筹资业务流程如图 5-1 所示。

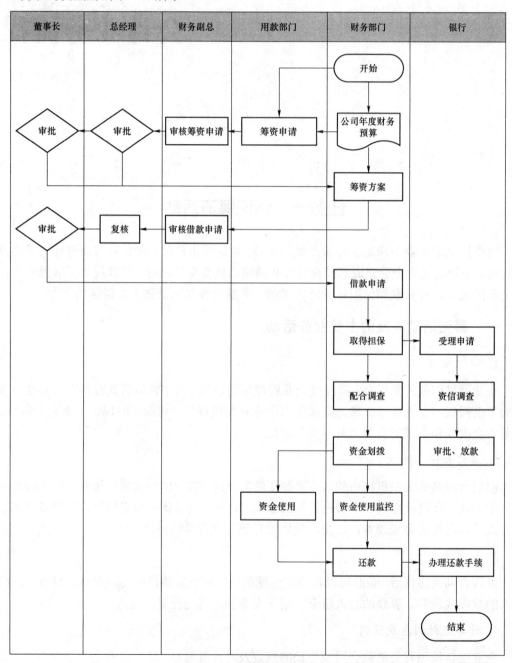

图 5-1 筹资业务流程

二、筹资业务涉及的主要凭证和会计记录

1. 借款合同

借款合同是借款人向贷款人借款，到期返还借款并支付利息的合同。借款合同又称借贷合同，按合同的期限不同，可以分为定期借贷合同、不定期借贷合同、短期借贷合同、中期借贷合同、长期借贷合同。按合同的行业对象不同，可以分为工业借贷合同、商业借贷合同、农业借贷合同。

2. 公司债券

公司债券是指股份公司在一定时期内（如10年或20年）为追加资本而发行的借款凭证。对于持有人来说，它只是向公司提供贷款的证书，反映的只是一种普通的债权债务关系。持有人虽无权参与股份公司的管理活动，但每年可根据票面的规定向公司收取固定的利息，且收息顺序要先于股东分红，股份公司破产清理时亦可优先收回本金。公司债券期限较长，一般在10年以上，债券一旦到期，股份公司必须偿还本金，赎回债券。

3. 债券契约

债券契约是债券发行人和代表债券持有者利益的债券托管人之间签订的具有法律效力的协议。详细写明债券发行事宜、发行人义务和投资者权益，主要包括还款、赎回、担保、偿债基金、流动资金比例限制等条款内容，多由发行人拟订。大多数条款是为保护债券持有人的利益而设置的。如果把完整的契约交给债券持有者，他们可能难以理解其语言，而更困难的是在特定时候去判断公司发行者是否正在履行其承诺。这些问题主要通过引入公司托管人作为合约的第三方来解决。契约中说明公司托管人代表债券持有者的利益，即托管人以拥有债券投资者的受托人身份行动。公司托管人是一个债券公司或信托公司，它拥有公司信托部门和有能力执行托管职责的高级职员。

4. 股东名册

股东名册，是指公司记载有关股东及其股权状况的簿册。其法定内容有股东的姓名或者名称及住所、股东的出资额和出资证明书编号。

5. 承销协议或包销协议

（1）证券承销协议是指证券公司承销证券，应当与发行人签订的承销协议。

承销协议应明确下列内容：当事人的名称、住所及法定代表人姓名；代销、包销证券的种类、数量、金额及发行价格；代销、包销的期限及起止日期；代销、包销的付款方式及日期；代销、包销证券的费用和结算办法；违约责任；国务院证券监督管理机构规定的其他事项。承销协议是证券承销制度的核心，是证券发行人与证券公司之间签署旨在规范和调整证券承销关系以及承销行为的合同文件。

（2）包销协议也称购买协议，是发行证券的公司与执行包销人之间签订的协议。执行包销人是作为包销集团的代理人签订协议，协议的内容包括对公众出售时的售价、包销人获得的差价、交给证券发行人的金额以及清算日期等内容。证券发行人应同意支付公开上市时所

需的费用，同时应向包销人提供证券销售书。发行人必须保证以下四点：

（1）按《证券法》规定填报。
（2）对填报的内容负责。
（3）公开尚未完结的诉讼。
（4）所筹集的资金必须用于所填报的目的。

包销人则必须同意在发行证券的申报登记生效后立即着手办理有关事项。

任务二　认识采购与付款业务

采购与付款业务循环是制造企业的重要业务流程，主要包括采购和付款两个重要交易类别。企业在日常生产经营过程中采购原材料、固定资产、劳务服务都属于采购。一般情况下，企业的采购业务以仓储或生产部门填写请购单为起始，以商品入库、财务部门支付采购款为终止。

一、采购与付款业务涉及的主要活动

1. 采购申请和采购计划

使用部门根据生产经营、建设需要和预算，提出采购申请。注明所需物资的名称、规格、数量、技术质量标准与要求等，经单位、部门领导审核后报仓储部门审核。仓储部门根据物资储备定额，符合储备定额的，给予办理发货手续；定额不足的，编制物资请购计划，经部门领导审核后报采购部门。采购部门根据采购申请计划编制物资采购实施方案，报部门领导签字后再报主管领导审批。

2. 编制、审定采购实施方案

经审批的采购计划，交财务部门申请资金计划。采购计划需按照货币资金内部控制制度的规定审批。采购部门依据经审定的采购实施方案和资金计划制订相关采购计划，包括选择和确定采购价格、供应商、采购合同、采购物资的技术指标等。

3. 确定采购价格、选定供应商

采购部门依据批准的物资采购实施订单和资金计划，通过询问、比价、招标、网上采购和公开采购信息等公平、透明的方式，按公司物资采购的有关规定提出选择和确定采购价格和供应商的方案，经部门领导审核确定。

需与供应商就价格、付款方式或供货质量及要求等进行谈判确定的，由采购、财务及相关技术部门等人员组成谈判组，提出初步意见，报授权领导审定后由采购部门牵头谈判。

对公司要求实施统一采购的大宗或进口物资，应按公司的相关规定办理。属招标采购范围的，应组织招标采购。

4. 签订采购合同

大宗、批量或比较重要的物资采购必须签订采购合同。合同文本由采购部门拟订，传送财务、法律或技术有关部门审核。财务、法律或技术部门依据职责权限对合同有关条款进行

认真审核，提出修改意见，交拟订部门修改合同文本。分管业务的领导和财务总监审定合同，交授权人员签订合同。采购合同需报财务部门、检验部门、法律部门等备案，原件留采购部门，采购合同需要变更或提前终止的，应报原审批领导同意。重大合同变更需报公司总经理办公会研究同意。

5. 跟踪监督合同执行

采购部门采购人员、合同管理人员及有关部门在合同签订后，应当跟踪并监督合同的执行。

物资采购、技术、设计等部门和使用部门对长周期运行的关键重要设备、材料实行过程监造，确定监造方式，编制大纲，签订监造协议，落实监造责任人。

采购人员按照采购合同中确定的制造周期、交货时间、工程项目进度计划落实催交催运措施，监督合同按期执行。

6. 采购物资验收入库

质检部门对到货物资进行质量检验，出具质量检验报告书，传送给采购部门、仓储部门、财务部门。

采购部门编制物资入库单或系统自动生成入库单（入库单应连续编号），仓储部门对到货物资进行外观和数量检验并审核入库单，对符合合同要求的合格物资，办理验收入库手续，并将入库验收单传送给财务部门和采购部门，分别审核编制入账，经会计主管复核后过账；对检验不符合合同要求的物资，不得办理入库手续。

不合格物资由采购部门办理退货索赔事宜或提出折让方案，报授权部门或人员审批后进行处理。

7. 发票检验、货款支付及核算记账

财务部门对购货增值税发票进行校验认证，未能通过发票认证的，必须退回，重新开具。将校验审核合格的发票、采购合同、货物入库验收单等信息录入系统中，生成会计凭证或编制会计凭证，经会计主管审核后过账。

采购部门根据采购合同规定的货款支付方式及合同执行情况，提出采购资金支付申请，填制付款申请单并附采购合同、验收单据等付款依据，经采购部门领导审核签字后传送到财务部门，由账务部门办理货款支付和结算手续。

财务部门收到采购部门的货款支付申请，首先要对采购合同、购货发票、货物入库验收单等进行审核，同时对应付、预付账款和分期付款等付款约定，以及采购享有的折扣和折让等进行审核，在审核确认无违反合同、程序和其他问题的情况下，编制付款会计凭证和填制银行付款单据，经会计主管复核、财务部门负责人审核签字后付款入账。若需提前付款、更改合同约定条件以及金额较大的，按规定权限报批。

月末财务部门与采购部门对采购预付款、备用金以及未结算的货款进行核对，发现问题，及时报告、查明原因，并做出处理。享有采购折扣或折让的，应在会计报表中恰当披露。

季末或半年末，仓储部门和有关资产管理部门必须对存货等实物资产进行盘点，财务部门应当派人监督盘点。

公司财务部门和采购部门应定期与客户核对确认应付、预付账款，发现问题，及时查明原因，并做出处理。

8. 结束采购

合同执行完毕后，采购部门应对合同执行情况进行清理、关闭，建立客户信用档案，并将合同清理和客户信用情况反馈给财务部门。

采购与付款业务流程如图5-2所示。

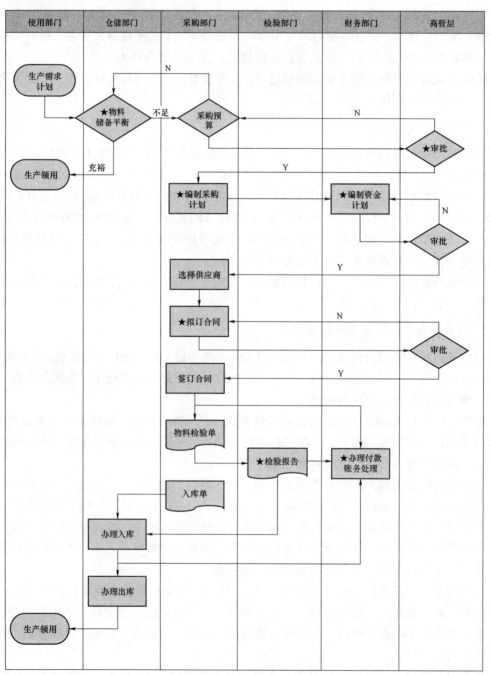

图5-2 采购与付款业务流程

二、采购与付款业务涉及的主要凭证和会计记录

1. 请购单

请购单是由产品制造、资产使用等部门的有关人员填写的，送交采购部门，申请购买商品、劳务或其他资产的书面证明，每张请购单必须由主管人员签字。

2. 订购单

订购单是由采购部门填写的凭证，主要包括商品或劳务的名称、数量、种类、价格、供货商名称和地址、付款条件等内容。订购单一式多联，其正联送交供应商处理，副联则送至企业内部的验收部门、应付凭单部门和编制请购单部门，同时采购部门留存一联。

3. 验收单

验收单也称收货单，是在商品购进过程中，由企业内部填制，据以收货和付款的一种原始凭证。验收单应列明购进商品的品名、规格、计量单位、应收数量、实收数量、单价、金额等，由采购部门（采购人员或实物负责人）根据供货单位的"发货票"与合同核对无误后填制。

4. 采购发票

采购发票包括采购专用发票和采购普通发票。其中专用发票是指增值税专用发票，是一般纳税人销售货物或者提供应税劳务所开具的发票，发票上记载了销售货物的售价、税率以及税额等，购货方以增值税专用发票上记载的购入货物已支付的税额作为扣税和记账的依据。普通发票是指除了专用发票之外的发票或其他收购凭证。

5. 付款凭单

付款凭单（证）是采购方企业的应付凭单部门编制的，载明已收到商品、资产或接受劳务的厂商、应付款金额和付款日期的凭证。付款凭单是采购方企业内部记录和支付负债的授权证明文件。编制付款凭单的部门可以不是专门设置的一个部门，而是被授权编制付款凭单的部门或人员，编制付款凭单属于财务部门的职能，通常应当由财务部门的主管或其授权人员完成。

6. 应付账款明细账

应付账款明细账是单个贷方（供应商）账户的明细分类账。应付账款是企业应支付但尚未支付的手续费和佣金，是会计科目的一种，用以核算企业因购买材料、商品和接受劳务供应等经营活动应支付的款项。

应付账款通常是指因购买材料、商品或接受劳务供应等而发生的债务，这是买卖双方在购销活动中由于取得物资与支付货款在时间上不一致而产生的负债。

7. 库存现金日记账及银行存款日记账

库存现金日记账和银行存款日记账是用来记录应收账款的收回或现销收入及其他各种现金、银行存款收入和支出的日记账。

8. 记账凭证

记账凭证主要指收款凭证和转账凭证。收款凭证是指用来记录现金和银行存款收入业务的记账凭证；转账凭证是指记录转账业务的记账凭证，它是根据有关转账业务（即不涉及现金、银行存款收付的各项业务）的原始凭证编制的。

9. 卖方对账单

卖方对账单是指由供货方按月编制的，标明期初余额、本期购买、本期支付给卖方的款项和期末余额的凭证。卖方对账单是供货方对有关交易的陈述，如果不考虑买卖双方在收发货物上可能存在的时间差等因素，其期末余额通常应与采购方相应的应付账款期末余额一致。

任务三　认识薪酬核算和管理活动

薪酬循环是由与主管和雇员报酬有关的事项和活动所组成的。报酬包括以下内容：
（1）薪金；
（2）计时和计件薪酬；
（3）奖金；
（4）津贴；
（5）薪酬、福利费等。
这一循环的主要交易类型是薪酬交易。

一、薪酬管理涉及的主要活动

1. 雇用员工

公司内部各部门根据部门实际情况以及年度发展需要，提出年度人力资源及培训需求，传送至人力资源部门（属人事部门）。人力资源部门审核用人部门的用人需求，决定是否可以通过内部竞聘的方式解决人力需求。当公司内部无适当人选，且对人才的需求量较大时，主要考虑外部招聘，并比照岗位技能需求确定选拔条件。外部招聘可以改变公司的组织气氛，而且可以招到不同组织文化背景的人。如果公司某些岗位需要具备特殊技术和专业知识的人才，必须广泛对外招聘。

2. 授权变动薪酬

新入职的员工由人力资源部门及用人单位主管根据公司相关薪酬制度开出薪资级别，列入员工资料卡以便核发薪资。若有调薪，应由用人单位填写调薪通知书，附相关资料具体佐证，经主管核准后，通知计薪人员，列入员工资料卡，并据以调薪。

3. 编制出勤和计时资料

依据出勤记录计算加班费、值班费、迟到早退扣款等，劳工保险及相关保险投保金额、薪资所得税、有关员工代扣款及福利金等款项，应依规定扣除。

4. 编制薪酬计算表

人力资源管理部门根据出勤情况和日常计时资料，结合经过审核的日常考核情况编制薪酬计算表。编制完成的薪酬计算表由经理审核之后交给财务部门。

5. 记录薪酬

工资薪金应当在财务部门进行登账处理之后发放。

薪金核算及管理流程如图 5-3 所示。

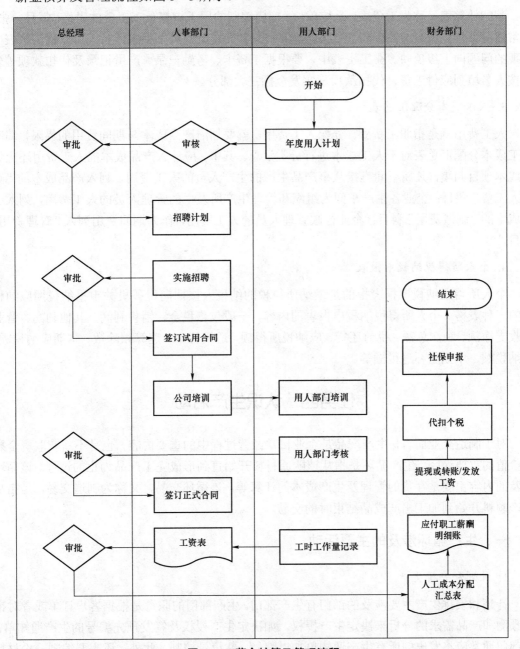

图 5-3 薪金核算及管理流程

二、工资薪金管理活动涉及的主要凭证和会计记录

1. 人事授权表

人事授权表用来表示企业不同层次管理部门和主管人员在各种管理业务中所享有的不同类型的职权，它是主要反映企业职权横向结构的一种表格。

2. 薪酬计算表

薪酬计算表又称为工资表，是按单位、部门编制的用于核算员工工资的表格，每月一张。正常情况下，工资表会在工资正式发放前的1~3天发放到员工手中，员工可以就工资表中出现的问题向上级反映。在工资表中，要根据工资卡、考勤记录、产量记录及代扣款项等资料按人名填列应付工资、代扣款项、实发金额三大部分。

3. 人工成本分配汇总表

人工费用就是指职工薪酬。分配人工费用，就要划清产品成本与期间费用的界限，编制人工成本分配汇总表对于人工成本进行分类汇总。其中，应计入产品成本的人工费用还应该按成本项目归集，凡属车间直接从事产品生产的生产人员的人工费用，列入产品成本的"直接人工费"科目；企业各生产车间为组织和管理生产所发生的管理人员的人工费用，列入产品成本的"制造费用"科目；企业行政管理人员的人工费用，作为期间费用列入"管理费用"科目。

4. 个人所得税纳税申报表

个人所得税纳税申报表指的是缴纳所得税的纳税人按期向税务机关申报纳税期应纳税额的一种表格。个人所得税纳税申报表的内容，一般包售税金、销售利润、其他利润、营业外收支净额、利润总额、税前还贷、应纳税所得额、适用税率、速算扣除数、本期应纳税额、已纳税额、本期应补退税额等。

任务四 认识生产活动

对于制造企业而言，生产产品是企业日常经营过程中的重要内容，也是不断获取资金剩余价值的重要途径。生产循环是指从请购原材料开始直到形成完工产品为止的过程。该循环涉及的内容主要是存货的管理及生产成本的计算等，该循环交易，又称为制造交易，是指从生产领料开始到加工出产成品结束时的交易。

一、生产循环涉及的主要活动

1. 计划和安排生产

计划和安排生产主要涉及的部门有生产部门。生产部门的职责是根据客户订单或者对销售预测和产品需求的分析来决定生产授权，如决定生产授权及签发预先编号的生产通知单，该部门通常应将发出的所有生产通知单加以编号，并记录控制，此外，还需要编制一份材料

需求报告，列示所需要的材料和零件以及库存。

2. 发出原材料

发出原材料主要涉及的部门有仓储部门。仓储部门的责任是根据从生产部门收到的领料单发出原材料。领料单上必须列示所需的材料数量和种类以及领料部门的名称。领料单可以一料一单，也可以多料一单，通常一式三联。仓储部门发料后，将其中一联连同材料交给领料部门，其余两联经仓储部门登记材料明细账后，送财务部门进行材料收发核算和成本核算。

3. 生产产品

生产产品主要涉及的部门有生产部门。生产部门在收到生产通知单并领取原材料后，便将生产任务分解到每一个生产工人，并将所领取的原材料交给生产工人，生产工人据以执行生产任务。生产工人在完成生产任务后，将完成的产品交生产部门查点，然后转交检验员验收并办理入库手续，或是将所完成的产品移交下一个部门作进一步加工。

4. 核算产品成本

核算产品成本主要涉及的部门有财务部门。为了正确核算并有效地控制产品成本，必须建立健全成本会计制度，将生产控制和成本核算有机结合在一起。

一方面，生产过程中有各种记录的生产通知单、领料单、记工单、入库单等文件资料都要汇集到财务部门，由财务部门对其进行检查核对，了解或控制生产过程中存货的实物流转。另一方面，财务部门要设置相应的会计账户，会同有关部门对生产过程中的成本进行核算和控制。

成本会计制度可以非常简单，只是在期末记录存货余额；也可以是非常完善的标准成本控制制度，它持续地记录所有原材料如何成为在产品和产成品，并形成对成本差异的分析报告，完善的标准成本会计制度应该提供原材料转为在产品、在产品转为产成品以及按成本中心分批生产任务通知单或生产周期所消耗的材料、人工和间接费用的分配与归集的详细资料。

5. 储存产成品

储存产成品主要涉及的部门有仓储部门。产成品入库需由仓储部门先行点验和检查，然后签收，签收后将实际入库数量通知财务部门。据此，仓储部门确立了本身应承担的责任，并对验收部门的工作进行验证。除此之外，仓储部门还应根据产成品的品质特征，分类存放并填制标签。

6. 发出产成品

发出产成品主要涉及的部门有发运部门。发运部门装运产成品时必须有经过有关部门批准的发运通知单，并据此编制出库单。出库单至少一式四联：一联交仓储部门，一联发运部门留存，一联送交客户，一联作为给客户开发票的依据。

生产活动业务流程如图5-4所示。

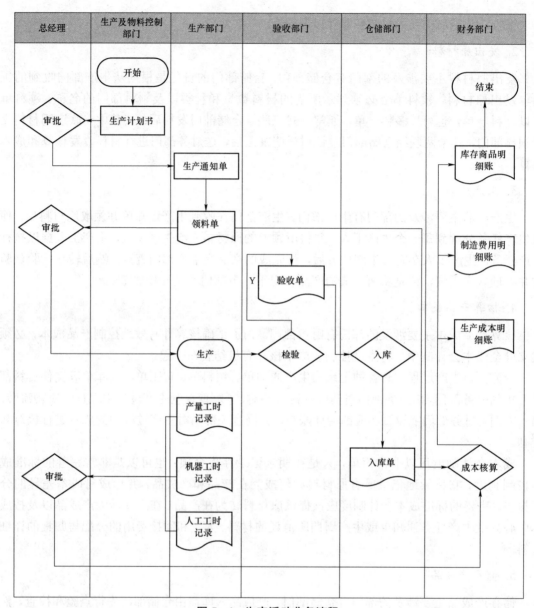

图 5-4 生产活动业务流程

二、生产活动涉及的主要凭证和会计记录

1. 生产计划

生产计划是企业对生产任务作出统筹安排，具体拟订生产产品的品种、数量、质量和进度的计划。生产计划是企业经营计划的重要组成部分，是企业进行生产管理的重要依据，既是实现企业经营目标的重要手段，也是组织和指导企业生产活动有计划进行的依据。企业在编制生产计划时，要考虑到生产组织及其形式，同时，生产计划的合理安排，也有利于改进生产组织。

2. 领料单

领料单是材料领用和发出的原始凭证。领料单是一种有效的领料凭证,每次领用材料,都应填制领料单。领料部门根据生产用料计划,填制领料单领料。领料单经领料部门负责人签章后,送交仓储部门发料。领料时,仓储保管人员和领料人员共同检查领用材料的数量、品种和质量,经核对无误后,双方在领料单上签章,证明领料手续完成。领料单一式数联,其中一联领料后由领料人员带回留存,一联仓储部门发料后留存,作为登记材料保管明细账的依据,一联由仓储部门转交财务部门,作为登记材料分类账和编制发料凭证汇总表的依据。

3. 发运凭证

发运凭证是在发运货物时编制的,用以反映发出商品的规格、数量和其他有关内容的凭据。发运凭证的一联寄送给客户,其余联由企业保留。这种凭证可用作向客户开具账单的依据。

4. 产量工时记录

产量工时记录是登记工人或生产班组出勤内完成产品数量、质量和生产这些产品所耗费工时数量的原始记录。产量工时记录的内容与格式是多种多样的,在不同的生产企业中,甚至在同一企业的不同生产车间中,由于生产类型不同而采用不同格式的产量工时记录,常见的产量工时记录主要有工作通知单、工序进程单、工作班产量报告、产量通知单、产量明细表、废品通知单等。

5. 工薪汇总表及工薪费用分配表

工薪汇总表是为了反映企业全部工薪的结算情况,并据以进行工薪结算、总分类核算和汇总整个企业工薪费用而编制的表格,它是企业进行工薪费用分配的依据。

工薪费用分配表反映了各个生产车间各种产品应负担的生产工人工薪及福利费。

6. 材料费用分配表

材料费用分配表是用来汇总反映各个生产车间各产品所耗费的材料费用的原始记录。

7. 制造费用分配汇总表

制造费用分配汇总表是用来汇总反映各生产车间各产品所应负担的制造费用的原始记录。

8. 成本计算表

成本计算表是用来归集某一成本对象所应承担的生产费用,计算该成本对象的总成本和单位成本的记录。

任务五　认识销售与收款业务

销售与收款业务是企业生产经营活动中的日常业务,也是财务部门日常会计处理中的经常性业务。销售与收款业务涉及可供销售商品和劳务的所有权转让的各项业务和过程,它以客户提出订货要求开始，将商品或劳务转化为应收账款，并以最终收回现金结束。

一、销售与收款业务涉及的主要活动

1. 接受客户订单

客户提出订货要求是整个销售与收款业务活动的起点，企业在收到客户的订单后，须经有关人员批准，只有经过批准的订单，才能作为销售的依据。订单被批准后，销售部门编制一式多联的销货通知单，作为赊销、供货、开票、记账等部门履行职责的依据。

2. 批准赊销信用

批准赊销信用是由信用部门进行的，信用部门接到销货通知后，根据管理当局的赊销政策和授权决定是否批准赊销。对于新客户，在对其信用进行充分调查的基础上，决定是否批准赊销；对于老客户，根据其信用额的使用情况来确定。总之，不论批准赊销与否，最后都应由信用部门管理人员在销货单上签署意见，然后再将已签署意见的销货单送回销货单的管理部门。

3. 向客户开具销售发票及账单

财务部门核对商品明细表与发运单上的数量是否一致，发运单上记载的商品是否已实际装运，是否按照已授权批准的商品价目表所列示的价格开具账单，以上信息核对无误后，由财务部门开具销售发票及账单。

4. 按销售单供货

仓储部门通常要求只有在收到经过批准的销售单时才能供货。因此，销售部门已批准销售单的一联应送达仓储部门，仓储部门领导签字审批之后，作为仓储部门将商品转移给发货部门的依据。

5. 按销售单装运货物

运输部门根据经过批准的销货通知单装运货物，填制提货单等货运文件，并将其送往财务部门开具发票。将按经批准的销售单供货与按销售单装运货物的职责相分离，有助于避免装运货物的职员在未经授权的情况下装运产品。此外，装运部门的职员在装运之前，还必须进行独立验证，以确定从仓库提取的商品都附有经批准的销售单，并且所提取商品的内容与销售单一致。

6. 记录销售业务

财务助理审核销售业务涉及的相关票据及业务如下：
（1）只依据附有有效装运凭证和销售单的销售发票记录销售；
（2）检查所有销售发票是否事先连续编号；
（3）独立检查已处理销售发票上的销售金额与会计记录金额的一致性；
（4）记录销售部门人员签字和处理销货交易的其他部门人员签字是否符合企业要求；
（5）记录销售业务；
（6）登记明细账；

（7）独立检查应收账款的明细账同总账的一致性，定期向客户寄送对账单，并要求客户将任何例外情况直接向指定的未涉及执行或记录销货交易业务的会计主管报告。

7. 办理和记录销售退回、折扣与折让

客户如果对商品不满意，企业一般都会同意接受退货，或给予一定的销售折让。客户如果提前支付货款，企业则可能给予一定的销售折扣。发生这类事项时，必经授权批准，财务部门应确保与办理此事的有关部门和职员各司其职，分别控制实物流和会计处理。

8. 办理和记录现金、银行存款收入手续

出纳每日去银行领取汇款通知单并办理现金及银行存款收入手续。在办理和记录现金、银行存款收入手续时，对实物货币资金收入要保证全部货币资金都必须如数、及时地记入库存现金、银行存款日记账或应收账款明细账，并如数、及时地将现金存入银行。

销售与收款业务流程如图 5-5 所示。

二、销售与收款业务涉及的主要凭证和会计记录

1. 客户订货单

客户订货单是客户提出的书面购货要求。企业可以通过销售人员或其他途径，如采用电话、信函和向现有的及潜在的客户发送订货单等方式接受订货，取得客户订货单。

2. 销售单

销售单是列示客户所订商品的名称、规格、数量及其他与客户订货单有关资料的表格，作为销售方内部处理客户订货单的依据。

3. 发运凭证

发运凭证是在发运货物时编制的，用以反映发出商品的规格、数量和其他有关内容的凭据。发运凭证的一联寄送给客户，其余联由企业保留。这种凭证可用作向客户开具账单的依据。

4. 销售发票

销售发票是一种用来表明已销售商品的名称、规格、数量、价格、销售金额、运费和保险费、开票日期、付款条件等内容的凭证。销售发票的一联寄送给客户，其余联由企业保留。销售发票也是在会计账簿中登记销售交易的基本凭证。

5. 商品价目表

商品价目表是列示已经授权批准的、可供销售的各种商品的价格清单。

6. 贷项通知单

贷项通知单是一种用来表示由于销货退回或经批准的折让而引起的应收销货款减少的凭证。这种凭证的格式通常与销售发票的格式相同，只不过它不是用来证明应收账款的增加，而是用来证明应收账款的减少。

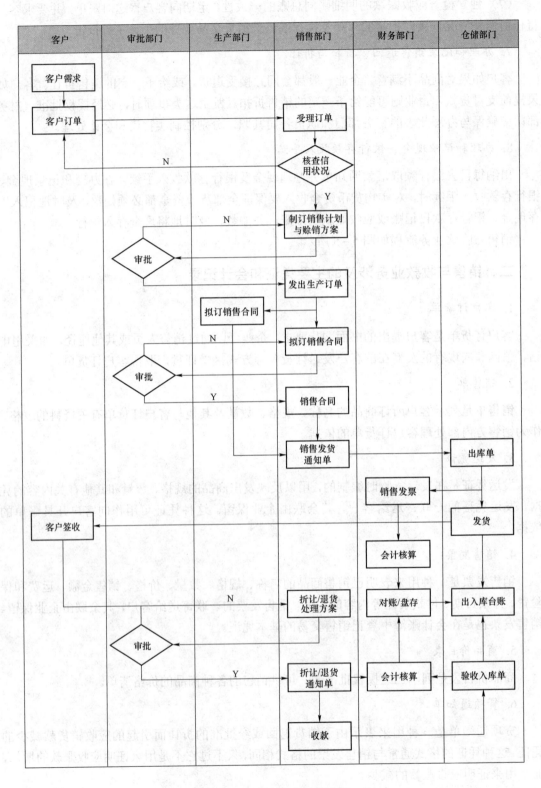

图 5-5 销售与收款业务流程

7. 应收账款账龄分析表

应收账款账龄分析表通常是按月编制的,反映月末尚未收回的应收账款总额和账龄,并详细反映每个客户月末尚未偿还的应收账款数额和账龄的表格。

8. 应收账款明细账

应收账款明细账是用来记录每个客户各项赊销、还款、销售退回及折让的金额明细账。各应收账款的余额合计数应与应收账款总账的余额相等。

9. 营业收入明细账

营业收入明细账是一种用来记录销售交易的明细账。它记载和反映不同类别产品或劳务的销售总额。

10. 折扣与折让明细账

折扣与折让明细账是一种用来核算企业销售商品时,按销售合同规定为了及早收回货款而给予客户的销售折扣和因商品品种、质量等原因而给予客户的销售折让情况的明细账。当然,企业也可以不设置折扣与折让明细账,而将该类业务直接记录于营业收入明细账。

11. 汇款通知书

汇款通知书是一种与销售发票一起寄给客户,由客户在付款时再寄回销货单位的凭证。汇款通知书记载客户的姓名、销售发票号码、销售单位开户银行账号及金额等内容,采用汇款通知书能使现金立即存入银行,可以改善资产保管的控制情况。

12. 库存现金日记账和银行存款日记账

库存现金日记账和银行存款日记账是用来记录应收账款的收回或现销收入及其他各种现金、银行存款收入和支出的日记账。

13. 坏账审批表

坏账审批表是一种用来批准将某些应收款项注销为坏账,仅在企业内部使用的凭证。

14. 客户月末对账单

客户月末对账单是一种按月定期寄送给客户的用于购销双方定期核对账目的凭证。客户月末对账单上应注明应收账款的月初余额、本月各项销售交易的金额、本月已收到的货款、各款项通知单的数额及月末余额等内容。

15. 记账凭证

记账凭证主要指收款凭证和转账凭证。收款凭证是指用来记录现金和银行存款收入业务的记账凭证;转账凭证是指记录转账业务的记账凭证,它是根据有关转账业务(即不涉及现金、银行存款收付的各项业务)的原始凭证编制的。

任务六　认识投资业务

对于企业而言,投资活动分为对内投资和对外投资。对内投资是指企业长期资产的购建和不包括在现金等价物内的投资及其处置活动。长期资产是指固定资产、在建工程、无形资产、其他资产和持有期限在1年或一个营业周期以上的资产。对外投资是指企业为通过分配来增加财富,或为谋求其他利益,而将资产让渡给其他单位所获得的另一项资产,它分为短期投资和长期投资。

一、投资业务涉及的主要活动

1. 对内投资业务活动

（1）长期资产构建申请。

按照企业日常生产经营活动的需要,由长期资产使用部门根据日常工作需求,填写长期资产购置申请书,上报长期资产需求。

（2）长期资产购置审批。

由采购部门审核长期资产购置申请,并交由总经理审核,审核通过后,采购部门编制长期资产购置计划书。

（3）购置长期资产。

采购部门公开进行询价,由资产使用部门确定长期资产供应商,总经理审核确认后,进行长期资产采购。

（4）长期资产购置成本核算。

财务部门核算长期资产购置成本,并根据采购发票登记相关明细账。

（5）长期资产盘点维护。

长期资产在使用过程中应当及时进行维护,财务部门定期对于长期资产的使用情况进行核查,按月计提折旧。

对内投资业务流程如图5-6所示。

2. 对外投资业务活动

（1）审批授权。

投资业务应由企业的高层管理机构进行审批,以控制投资风险。

（2）取得证券或其他投资。

企业可以通过购买股票或债券进行投资,也可以通过与其他单位进行合资联营、参股形成股权投资。企业在投资时应着重注意分析投资的风险与收益,尽量采取组合投资的方式分散投资风险,还应取得与投资有关的证明。

（3）取得投资收益。

企业可以取得股权投资的股利收入、债券投资的利息收入和其他投资收益。

实验五 会计业务流程

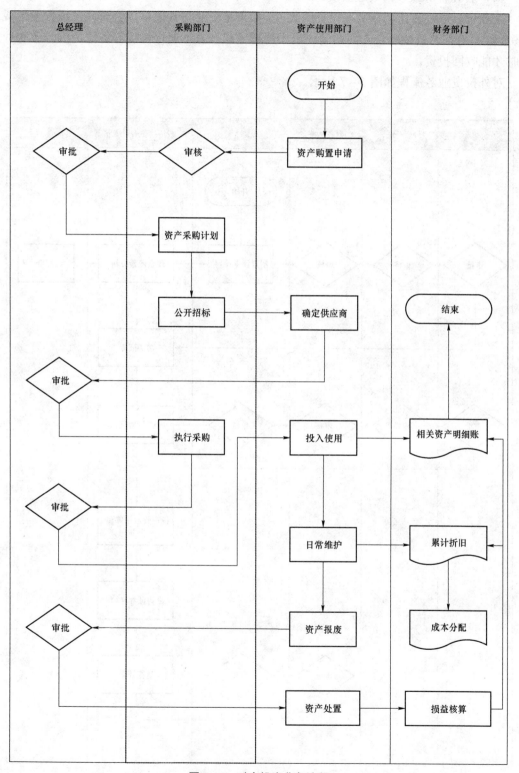

图 5-6 对内投资业务流程

(4) 转让证券或收回其他投资。

企业可以通过转让证券实现投资的收回,如果是企业与其他单位合资联营或参股形成的投资,则只有在合资或联营合同期满或由于严重亏损一方不履行协议等特殊原因导致企业解散时才能收回投资。

对外投资业务流程如图 5-7 所示。

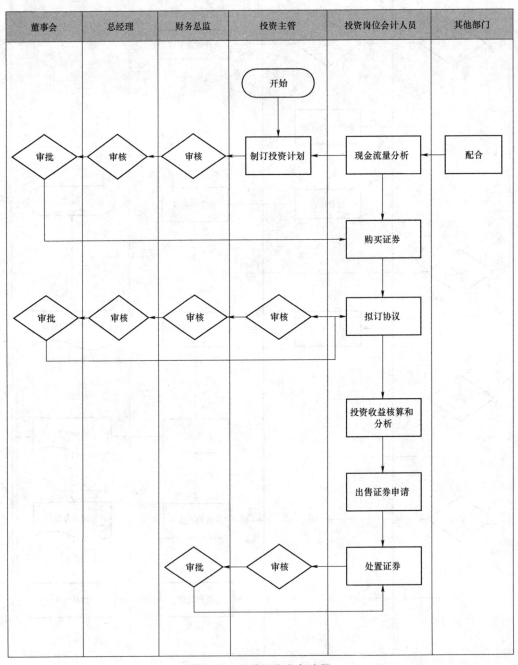

图 5-7 对外投资业务流程

二、投资业务涉及的主要凭证和会计记录

1. 固定资产购买发票

固定资产购买发票,指企业外购固定资产从销售方取得的增值税专用发票,根据最新企业会计准则,外购固定资产的进项税额已经抵扣,不再计入固定资产原值。

2. 折旧计算表

固定资产折旧计算表是用来计算各月提取固定资产折旧额的一种表格。在工业企业里,通常分别车间、部门按月编制。如果企业规模较小,也可就整个企业编制。折旧计算表中列明报告月份各类固定资产应计提的折旧额及其总计数额。在按使用年限法计算折旧的情况下,编制固定资产折旧计算表可不必按月逐项计算固定资产折旧,只要在上月计提的折旧总额上,加(或减)本月增加(或减少)固定资产所应计提的折旧额,即可求得本月应计提的折旧总额。但在实际工作中,因采用月初法计提本月折旧,则本月增加的固定资产,一律从下月起计提折旧,本月减少的固定资产,一律从下月起停止计提折旧。

3. 资产盘点表

资产盘点表是反映盘存时资产实存、账存和盈亏数额的凭证。资产盘点表内应列明的内容有资产名称、计量单位、单价、账面数量、金额、盘存数量、溢耗数量、金额等。为便于与资产明细分类账进行核对,资产盘点表中各种资产的名称应与账簿中使用的名称一致,并按照统一编号的顺序进行排列。

4. 债券投资凭证

债券投资凭证是载明债券持有人与发行企业双方拥有的权利与义务的法律性文件,其内容一般包括债券发行的标准、债券明确表述、利息或利息率、受托管理人证书和背书。

5. 投资股票凭证

投资股票凭证包括买入凭证和卖出凭证,买入凭证记载股票投资购买业务,其内容包括购买股票数量、被投资公司、股票买价、交易成本、购买日期、结算日期、结算日应付金额合计;卖出凭证记载股票投资卖出业务,其内容包括卖出股票数量、被投资公司、股票卖价、交易成本、卖出日期、结算日期、结算日金额合计。

6. 股票证书

股票证书是载明股东所有权的证据,记录所有者持有被投资公司所有股票数量。如果被投资公司发行了多种类型的股票,也反映股票的类型,如普通股、优先股。

7. 股利收取凭证

股利收取凭证是向所有股东分发股利的文件,标明股东、股利数额、每股股利、企业在交易最终日持有的总股利金额。

8. 长期股权投资协议

该协议主要用于载明投资双方的权利和义务。

任务七 认识利润分配活动

利润分配是企业在一定时期（通常为年度）内对所实现的利润总额以及从联营单位分得的利润，按规定在国家与企业、企业与企业之间的分配。企业利润分配的对象是企业缴纳所得税后的净利润，这些利润是企业的权益，企业有权自主分配。国家有关法律、法规对企业利润分配的基本原则、一般次序和重大比例做了较为明确的规定，其目的是保障企业利润分配的有序进行，维护企业和所有者、债权人以及职工的合法权益，促使企业增加积累，增强风险防范能力。

国家有关利润分配的法律和法规主要有《公司法》《外商投资企业法》等，企业在利润分配中必须切实执行上述法律、法规。利润分配在企业内部属于重大事项，企业的章程必须在不违背国家有关规定的前提下，对本企业利润分配的原则、方法、决策程序等内容作出具体而又明确的规定，企业在利润分配中也必须按规定办事。

一、利润分配涉及的主要活动

1. 计算可供分配的利润

将本年净利润（或亏损）与年初未分配利润（或亏损）合并，计算出可供分配的利润。如果可供分配的利润为负数（即亏损），则不能进行后续分配；如果可供分配的利润为正数（即本年累计盈利），则进行后续分配。

2. 提取法定盈余公积[①]

在不存在年初累计亏损的前提下，法定盈余公积按照税后净利润的10%提取。法定盈余公积已达注册资本的50%时，可不再提取。提取的法定盈余公积用于弥补以前年度亏损或转增资本金，但转增资本金后留存的法定盈余公积不得低于注册资本的25%。

3. 提取任意盈余公积

任意盈余公积计提标准由股东大会确定，如确因需要，经股东大会同意后，也可用于分配。

4. 向股东（投资者）分配利润

企业以前年度未分配的利润，可以并入本年度分配。公司股东会或董事会违反上述利润分配顺序，在抵补亏损和提取法定公积之前向股东分配利润的，必须将违反规定发放的利润退还公司。利润分配业务流程如图5-8所示。

二、利润分配涉及的主要凭证和会计记录

1. 利润分配决议

利润分配决议指的是企业为分配利润而作出的决议。利润分配指的是企业根据国家有关规定和企业章程、投资者的决议等，对企业当年可供分配的利润进行分配。企业应该设置"利润分配"科目核算企业利润的分配（或亏损的弥补）和历年分配（或弥补）后的余额。

---

① 公积即公积金。

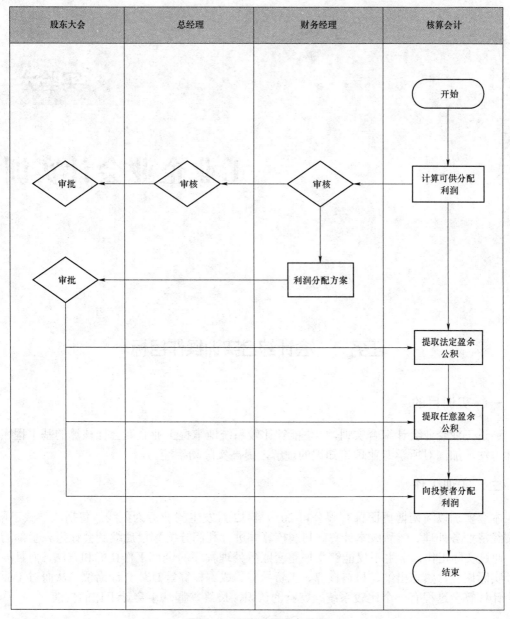

图 5-8 利润分配业务流程

"利润分配"科目下设以下明细科目:"提取法定盈余公积""提取任意盈余公积""应付现金股利""盈余公积补亏""未分配利润""未分配利润(或未弥补亏损)"。

2. 利润分配表

利润分配表是企业损益表中的项目,应当按利润构成和利润分配各项目分项列示。利润分配各个项目也可以另行编制利润分配表来反映。

工业企业会计实训

任务一 会计综合实训操作目标

一、实训目的

通过工业企业会计综合实训,学生能够比较系统地掌握工业企业会计核算的基本程序和具体方法,加深对所学专业理论知识的理解,提高实际动手能力。

二、实训工作

本套实训以河南博奥服饰有限公司2019年12月发生的业务为主线,包括从学做建账、日常经济业务处理、产品成本计算、利润核算并进行利润分配到最后编制会计报表全部的工作。通过实际工作,学生不仅能够掌握整套账务处理程序的全部工作技能和方法,而且能够身处实际岗位,熟悉出纳、材料核算、工资核算、成本核算等具体会计岗位,从而对工业企业会计核算全过程有一个比较系统、完整的认识,最终掌握从事会计工作的技能。

任务二 企业工作基础数据

一、2019年11月总分类账及其所属明细账月末余额(表6-1)

表6-1 2019年11月总分类账及其所属明细账月末余额[①]

编号	会计科目	2019年年初余额		2019年1—11月发生额		2019年11月末余额	
		借方	贷方	借方	贷方	借方	贷方
1001	库存现金	1 361.00		112 080.00	112 441.00	1 000.00	

---

① 所有表中金额单位都为元。

续表

编号	会计科目	2019 年年初余额		2019 年 1—11 月发生额		2019 年 11 月末余额	
		借方	贷方	借方	贷方	借方	贷方
1002	银行存款	488 868.00		12 964 750.00	12 232 958.52	1 220 659.48	
1122	应收账款	345 000.00		6 465 000.00	6 365 000.00	445 000.00	
112201	河南梦杰服装有限公司	210 000.00		4 260 000.00	4 160 000.00	310 000.00	
112202	安阳万达商场	135 000.00		2 205 000.00	2 205 000.00	135 000.00	
1221	其他应收款			3 000.00		3 000.00	
122101	李梦			3 000.00		3 000.00	
1231	坏账准备		1 500.00	1 350.00			150.00
1403	原材料	601 880.00	0.00	1 810 500.00	1 852 720.00	559 660.00	
140301	原料及主要材料	423 500.00		1 277 500.00	1 298 000.00	403 000.00	
140302	辅助材料	178 380.00		533 000.00	554 720.00	156 660.00	
1405	库存商品	584 000.00		10 872 000.00	11 025 000.00	431 000.00	
140501	化纤西裤			2 152 000.00	1 721 000.00	431 000.00	
140502	混纺西裤	262 500.00		5 232 000.00	5 494 500.00		
140503	羊毛西裤	321 500.00		3 488 000.00	3 809 500.00		
1411	周转材料	22 370.00		132 900.00	139 170.00	16 100.00	
141101	劳动保护用品	1 060.00		80 400.00	76 000.00	5 460.00	
141102	专用工具	16 810.00		35 900.00	50 710.00	2 000.00	
141103	包装物	4 500.00		16 600.00	12 460.00	8 640.00	
1601	固定资产	1 859 000.00		567 500.00	250 000.00	2 176 500.00	
1602	累计折旧		217 650.00	64 770.00	129 360.00		282 240.00
1606	固定资产清理			153 000.00	153 000.00		
1901	待处理财产损溢			4 000.00	4 000.00		
2001	短期借款		501 000.00	400 500.00			100 500.00
2202	应付账款		235 000.00	117 500.00			117 500.00
220201	阳关服饰		235 000.00	117 500.00			117 500.00
2203	预收账款				56 200.00		56 200.00
220301	大象服装公司				56 200.00		56 200.00
2211	应付职工薪酬		514 283.00	6 786 846.00	6 841 563.00		569 000.00
221101	工资		362 050.00	4 826 510.00	4 865 460.00		401 000.00
221102	医疗保险费		26 275.00	338 785.00	341 510.00		29 000.00
221103	养老保险费		73 210.00	966 100.00	973 890.00		81 000.00
221104	工伤保险费		2 805.00	25 130.00	25 325.00		3 000.00
221105	失业保险费		8 220.00	97 510.00	98 290.00		9 000.00

续表

编号	会计科目	2019年年初余额		2019年1—11月发生额		2019年11月末余额	
		借方	贷方	借方	贷方	借方	贷方
221106	生育保险费		4 615.00	49 255.00	49 640.00		5 000.00
221107	住房公积金		37 108.00	483 556.00	487 448.00		41 000.00
2221	应交税费		387 896.00	5 527 180.00	5 604 975.00		465 691.00
222101	未交增值税		271 130.00	3 984 900.00	4 018 870.00		305 100.00
222102	应交城建税		19 442.00	279 405.00	281 785.00		21 822.00
222103	应交教育费附加		8 618.00	120 030.00	121 050.00		9 638.00
222104	应交地方教育费附加		3 206.00	40 345.00	40 685.00		3 546.00
222105	应交个人所得税			2 000.00	2 085.00		85.00
222106	应交增值税						
222107	应交企业所得税		85 500.00	1 100 500.00	1 140 500.00		125 500.00
2231	应付利息			2 000.00	2 810.00		810.00
2232	应付股利			516 500.00	516 500.00		
2241	其他应付款			1 012 000.00	1 012 000.00		
224101	住房公积金			481 000.00	481 000.00		
224102	医疗保险费			97 000.00	97 000.00		
224103	养老保险费			385 000.00	385 000.00		
224104	失业保险费			49 000.00	49 000.00		
4001	实收资本		1 000 000.00				1 000 000.00
4101	盈余公积		484 077.00				484 077.00
410101	法定盈余公积		312 218.00				312 218.00
410102	任意盈余公积		171 359.00				171 359.00
4103	本年利润			12 827 500.00	14 545 000.00		1 717 500.00
4104	利润分配		859 305.00				859 305.00
5001	生产成本	814 732.00		10 860 021.52	10 874 700.00	800 053.52	
500101	基本生产成本——裁制车间	653 131.50		8 594 406.52	8 604 085.00	643 453.02	
50010101	化纤西裤	645 071.50		1 680 811.52	1 682 430.00	643 453.02	
50010102	混纺西裤	4 760.00		4 010 340.00	4 015 100.00		
50010103	羊毛西裤	3 300.00		2 903 255.00	2 906 555.00		
500102	基本生产成本——整烫车间	164 100.50		1 861 565.00	1 864 365.00	161 300.50	
50010201	化纤西裤	161 750.50		468 120.00	468 570.00	161 300.50	
50010202	混纺西裤	1 285.00		812 065.00	813 350.00		
50010203	羊毛西裤	1 065.00		581 380.00	582 445.00		
500103	辅助生产成本——供修车间			405 050.00	405 050.00		

续表

编号	会计科目	2019年年初余额		2019年1—11月发生额		2019年11月末余额	
		借方	贷方	借方	贷方	借方	贷方
5101	制造费用			1 300 648.00	1 300 648.00		
6001	主营业务收入			14 094 000.00	14 094 000.00		
600101	化纤西裤			2 199 530.00	2 199 530.00		
600102	混纺西裤			7 024 625.00	7 024 625.00		
600103	羊毛西裤			4 869 845.00	4 869 845.00		
6051	其他业务收入			300 500.00	300 500.00		
6301	营业外收入			150 500.00	150 500.00		
6401	主营业务成本			11 024 500.00	11 024 500.00		
640101	化纤西裤			1 720 500.00	1 720 500.00		
640102	混纺西裤			5 494 500.00	5 494 500.00		
640103	羊毛西裤			3 809 500.00	3 809 500.00		
6402	其他业务成本			240 500.00	240 500.00		
6403	税金及附加			140 500.00	140 500.00		
6601	销售费用			108 500.00	108 500.00		
6602	管理费用			736 500.00	736 500.00		
6603	财务费用			4 500.00	4 500.00		
6801	所得税费用			572 500.00	572 500.00		
总金额合计		4 717 211.00	4 717 211.00	99 874 045.52	99 874 045.52	5 652 973.00	5 652 973.00

二、原材料、周转材料明细账11月月末余额（表6-2和表6-3）

表6-2 原材料明细账11月月末余额

材料名称	计量单位	结存数量	单价	结存金额
原料及主要材料				403 000.00
化纤布	米	500	15.00	7 500.00
混纺布	米	5 020	25.00	125 500.00
羊毛布	米	6 000	45.00	270 000.00
辅助材料				155 660.00
衬布	米	300	2.00	600.00
塔线	个	3 600	4.00	14 400.00
塑料扣子	颗	300	0.20	60.00
金属扣子	颗	55 000	0.50	27 500.00
普通拉链	条	100	3.00	300.00
金属拉链	条	28 200	4.00	112 800.00

表6-3 周转材料明细账11月月末余额

材料名称	计量单位	结存数量	单价	结存金额
包装物				8 640.00
包装袋	个	43 200	0.20	8 640.00
劳动保护用品				5 460.00
工作服	件	108	50.00	5 400.00
口罩	个	200	0.30	60.00
专用工具				2 000.00
专用工具	套	20	75.00	2 000.00

三、库存商品明细账11月月末余额（表6-4）

表6-4 库存商品明细账11月月末余额

产品名称	结存数量	单位成本	期末余额
化纤西裤1101批	10 000	43.10	431 000.00

注：化纤西裤1101批在11月共投产30 000件，当月完成10 000件，余下的于12月完工。

四、生产成本明细账11月月末余额（表6-5）

表6-5 生产成本明细账11月月末余额

车间	产品名称	成本项目			合计
		直接材料	直接人工	制造费用	
裁制车间	化纤西裤1101批	495 500.00	118 000.00	29 953.02	643 453.02
整烫车间	化纤西裤1101批	64 500.00	73 062.50	23 738.00	161 300.50

五、固定资产及累计折旧明细表（表6-6）

表6-6 固定资产及累计折旧明细表

2019年11月

部门	固定资产名称	单位价值	数量	使用年限	累积已提折旧	折余价值
裁制车间	厂房	1 000 000	1	20	96 000.00	904 000.00
	验布机	21 000	1	10	4 032.00	16 968.00
	预编机	95 000	1	10	18 240.00	76 760.00
	自动裁床	65 000	2	10	24 960.00	105 040.00
	平缝机	1 700	50	10	16 320.00	68 680.00
	锁边机	1 200	8	10	1 843.20	7 756.80

续表

部门	固定资产名称	单位价值	数量	使用年限	累积已提折旧	折余价值
	真空抽湿机	8 000	1	10	1 536.00	6 464.00
整烫车间	厂房	500 000	1	20	48 000.00	452 000.00
	锁眼机	30 000	1	10	5 760.00	24 240.00
	大面烫台	2 000	4	10	1 536.00	6 464.00
	钉扣机	3 600	4	10	2 764.80	11 635.20
	包装设备	2 000	1	10	384.00	1 616.00
供修车间	修理设备	80 000	1	10	15 360.00	64 640.00
厂部	小轿车	150 000	1	10	28 800.00	121 200.00
	空调	5 000	2	5	3 840.00	6 160.00
	打印机	1 500	1	5	576.00	924.00
	电脑	4 000	8	5	12 288.00	19 712.00

六、2019年12月产品产量（表6-7和表6-8）

表6-7 12月各批产品完工情况表

项目	11月完工	本月投产	本月完工	月末在产品
化纤西裤1101批	10 000	20 000	20 000	0
混纺西裤1202批	0	20 000	20 000	0
羊毛西裤1203批	0	8 000	500	7 500

表6-8 加绒牛仔裤1205批在产品完工情况表   %

项目	裁制车间	整烫车间
投料程度	100	100
完工程度	80	20

七、财务报告资料

1. 资产负债表（表6-9）

表6-9 资产负债表

编制单位：河南博奥服饰有限公司　　　　2019年11月　　　　单位：元

资产	行次	期末余额	年初余额	负债及所有者权益（或股东权益）	行次	期末余额	年初余额
流动资产：	1			流动负债：	34		
货币资金	2	1 221 659.48	490 229.00	短期借款	35	100 500.00	501 000.00

续表

资　产	行次	期末余额	年初余额	负债及所有者权益（或股东权益）	行次	期末余额	年初余额
交易性金融资产	3			交易性金融负债	36		
应收票据	4			应付票据	37		
应收账款	5	444 850.00	343 500	应付账款	38	117 500.00	235 000.00
预付款项	6			预收款项	39	56 200.00	
应收利息	7			应付职工薪酬	40	569 000.00	514 283.00
应收股利	8			应交税费	41	465 691.00	387 896.00
其他应收款	9	3 000		应付利息	42	810.00	
存货	10	1 806 813.52	2 022 982.00	应付股利	43		516 500.00
一年内到期的非流动资产	11			其他应付款	44		
其他流动资金	12			一年内到期的长期负债	45		
流动资产合计	13	3 476 323.00	2 856 711.00	其他流动负债	46		
非流动资产：	14			流动负债合计	47	1 309 701.00	2 154 679.00
可供出售金融资产	15			非流动负债：	48		
持有至到期投资	16			长期借款	49		
长期应收款	17			应付债券	50		
长期股权投资	18			长期应付款	51		
投资性房地产	19			专项应付款	52		
固定资产	20	1 894 260.00	1 641 350.00	预计负债	53		
在建工程	21			递延所得税负债	54		
工程物资	22			其他非流动负债	55		
固定资产清理	23			非流动负债合计	56		
生产性生物资产	24			负债合计	57		
油气资产	25			所有者权益（或股东权益）：	58		
无形资产	26			实收资本（或股本）	59	1 000 000.00	1 000 000.00
开发支出	27			资本公积	60		
商誉	28			减：库存股	61		
长期待摊费用	29			专项储备	62		
递延所得税资产	30			盈余公积	63	484 077.00	484 077.00
其他非流动资产	31			未分配利润	64	2 576 805.00	859 305.00
非流动资产合计	32	1 894 260.00	1 641 350.00	所有者权益（或股东权益）合计	65	4 060 882.00	2 343 382.00
资产总计	33	5 370 583.00	4 498 061.00	负债及所有者权益（或股东权益）总计	66	5 370 583.00	4 498 061.00

单位负责人：　　　　财会负责人：李鹤洋　　　　复核：　　　　制表：李鹤洋

2. 利润表

表 6-10 利润表

编制单位：河南博奥服饰有限公司　　　　2019 年 11 月　　　　　　　　　单位：元

项　目	行数	1—11 月累计数	上年金额
一、营业收入	1	14 394 500.00	12 325 000.00
减：营业成本	2	11 265 000.00	9 120 000.00
税金及附加	3	140 500.00	90 850.00
销售费用	4	108 500.00	400 125.00
管理费用	5	736 500.00	198 643.00
财务费用（收益以"-"号填列）	6	4 500.00	7 300.00
资产减值损失	7		6 800.00
加：公允价值变动净收益（净损失以"-"号填列）	8		
投资收益（净损失以"-"号填列）	9		
其中对联营企业与合营企业的投资收益	10		
二、营业利润（亏损以"-"号填列）	11	2 139 500.00	2 508 082.00
营业外收入	12	150 500.00	35 486.00
减：营业外支出	13		185 640.00
其中：非流动资产处置净损失（净收益以"-"号填列）	14		
三、利润总额（亏损总额以"-"号填列）	15	2 290 000.00	2 543 568.00
减：所得税（税率25%）	16	572 500.00	635 892.00
四、净利润（净亏损以"-"号填列）	17	1 717 500.00	1 907 676.00
五、每股收益：	18		
基本每股收益	19		
稀释每股收益	20		

单位负责人：　　　　财会负责人：李鹤洋　　　　复核：　　　　制表：李鹤洋

任务三　2019 年 12 月经济业务

一、业务数据

1. 1 日，从银行提取现金 500 元备用，见附件 6-1-1/1。
2. 2 日，采购部李梦报销差旅费 2 399.20 元，原借款 3 000 元，收回现金 603.80 元，见附件 6-2-1/5 至附件 6-2-5/5。

3. 3 日，用银行存款 15 000 元支付下半年销售部门门市租金，见附件 6-3-1/2 至附件 6-3-2/2。

4. 5 日，采购原材料混纺布 30 100 米，羊毛布 10 050 米，衬布 350 米，货款未付，材料已验收入库，见附件 6-4-1/3 至附件 6-4-3/3。

5. 5 日，开出现金支票，发放职工工资 316 705（应付职工工资 401 000 元，代扣个人应该承担的养老保险 32 080 元、医疗保险 8 020 元、失业保险 4 010 元、住房公积金 40 100 元、所得税 85 元），见附件 6-5-1/3 至附件 6-5-3/3。

6. 6 日，收到河南梦杰服装有限公司前欠货款 310 000 元，存入银行，见附件 6-6-1/1。

7. 8 日，缴纳职工个人和企业应负担五险一金，见附件 6-7-1/4 至附件 6-7-4/4。

8. 8 日，缴纳上月增值税、企业所得税、城建税、教育费附加、地方教育费附加，缴纳代扣个人所得税，见附件 6-8-1/2 至附件 6-8-2/2。

9. 9 日，采购员孙文芳预借差旅费 3 000 元，付现金支票，见 6-9-1/2 至附件 6-9-2/2。

10. 10 日，开出现金支票报销销售部宣传用品费 580 元，见附件 6-10-1/2 至附件 6-10-2/2。

11. 13 日，购买烘干设备，支付 23 730 元，见附件 6-11-1/4 至附件 6-11-4/4。

12. 16 日，以现金 100 元报销厂办购买办公用品，见附件 6-12-1/1。

13. 18 日，临时盘点库存现金，发现短款 150 元，见附件 6-13-1/2 至附件 6-13-2/2。

14. 26 日，收到丽雅服装厂预付下月货款 30 000 元，见附件 6-14-1/1。

15. 30 日，分配材料，见附件 6-15-1/13 至附件 6-15-13/13。

16. 30 日，销售化纤西裤 30 000 条、混纺西裤 20 000 条，收到货款，见附件 6-16-1/2 至附件 616-2/2。

17. 30 日，归还短期借款本金 100 500 元和利息 1 092.94 元（其中本月应承担利息 364.31 元），见附件 6-17-1/1（年利率为 4.35%）。

18. 30 日，固定资产计提折旧，见附件 6-18-1/1。

19. 30 日，支付电费，见附件 6-19-1/4 至附件 6-19-4/4。

20. 30 日，分配职工薪酬，见附件 6-20-1/3 至附件 6-20-3/3。

21. 31 日，分配辅助生产车间成本，见附件 6-21-1/2 至附件 6-21-2/2。

22. 31 日，分配基本生产车间制造费用，见附件 6-22-1/1。

23. 31 日，产品完工入库，结转完工产品成本，见附件 6-23-1/12 至附件 6-23-12/12。

24. 31 日，结转已销产品成本，见附件 6-24-1/3 至附件 6-24-3/3。

25. 31 日，转出未交增值税，计算城建税、教育费附加、地方教育费附加，见附件 6-25-1/2 至附件 6-25-2/2。

26. 31 日，计提坏账准备，见附件 6-26-1/1。

27. 31 日，结转损益类账户，见附件 6-27-1/1。

28. 31 日，计算本月所得税费用并结转，见附件 6-28-1/2 至附件 6-28-2/2

29. 31 日，结转全年净利润，见附件 6-29-1/1。

30. 31 日，分配利润、结转已分配利润，见附件 6-30-1/2 至附件 6-30-2/2。

31. 31 日，编制 12 月业务科目汇总表。

32. 31 日，编制 12 月试算平衡表。

33. 31 日，登记总账。

34. 31 日，编制报表。

35. 31 日，装订会计资料。

二、实训要求

1. 建账

1）启用账簿

启用会计账簿时，应在账簿封面上写明单位名称和账簿名称，在账簿扉页上附启用表。会计账簿启用表的主要内容包括单位名称、账簿名称、账簿编号、账簿页数、启用日期、记账人员和会计机构负责人或会计主管人员姓名，并加盖法人名章和财务专用章。记账人员和会计机构负责人或会计主管人员调动工作时，应当注明交接日期、接管人员或者监交人员姓名，并由交接双方人员签名或盖章。启用总账时还需要在账簿启用表背面按规定编制账簿目录，明细账待月末结账时再编制目录。

2）建立账簿

（1）建立总分类账。

总分类账（简称总账）是根据总分类科目开设的，登记全部经济业务的账簿，通过总账的记录，可以反映公司全面、总括的会计信息。总账应采用订本式，账页格式为三栏式，所使用的会计科目应按《企业会计准则应用指南》的统一要求设置。

（2）建立日记账。

日记账是按照经济业务发生或完成时间的先后顺序逐日逐笔登记的账簿，按照要求开设现金日记账和银行存款日记账，采用订本式，账页格式为三栏式。

（3）建立明细账。

① 三栏式明细账。

三栏式明细账的格式与三栏式总账相同，使用"借方""贷方""余额"三栏式账页，适用于只需要进行金额核算，不需要进行实物数量核算的账户。例如，应开设三栏式明细分类账的账户有"其他货币资金""应收票据""应收账款""短期借款""应交税费""利润分配"等。（注意，"应交税费"账户中"应交税费——应交增值税"采用增值税专用多栏账页。）

② 数量金额式明细账。

数量金额式明细分类账账页采用"借方""贷方""余额"三栏式的基本结构，但在每栏下面又分别设置"数量""单价"和"金额"三个小栏目，这种格式适用于既需要进行金额核算，又需要进行具体的实物数量核算的各种财产物资账户。开设数量金额式明细账的账户有"原材料""库存商品""委托代销商品"等。

③ 多栏式明细账。

多栏式明细账是根据经济业务的特点和经营管理的需要，在借方和贷方或其中任一方增设若干分析栏目，所以又称为分析性明细账。借贷多栏式明细账是在借方和贷方各设专栏，以起到分析、控制的作用。例如，建立"应交税费——应交增值税"明细账时。借方分析栏设置"进项税额""已交税金""转出未交增值税"等栏目,贷方分析栏设置"销项税额""进项税额转出""转出多交增值税"等栏目。

多栏式明细账是在借方或者贷方设置专栏,对账户核算的内容列示出进一步分类的项目,主要适用于成本类、损益类账户。建立多栏式明细账的关键在于"金额分析"栏明细项目的填写,一般而言,按项目发生的频繁程度从左至右填写,其中,主要项目单独反映,非主要的或比较零碎的项目可以合并反映,记入"其他"中。工业企业会计中应开设多栏式明细账的账户有"主营业务收入""其他业务收入""公允价值变动损益""投资收益""营业外收入""主营业务成本""其他业务成本""税金及附加""销售费用""管理费用""财务费用""营业外支出"等账户。

④ 固定资产明细账。

固定资产账户应设置专用明细账,按固定资产类别、使用部门和每项固定资产进行明细核算。

2. 根据原始凭证编制记账凭证

按照经济业务发生的先后顺序,根据审核无误的原始凭证,编制记账凭证,并对记账凭证进行审核。

3. 登记账簿

登记账簿是指根据审核无误的原始凭证及记账凭证,按照国家统一的会计制度规定的会计科目,运用复式记账法把经济业务序时地、分类地登记到账簿中去。登记账簿是会计核算工作的主要环节。

4. 填制纳税申报表

纳税申报表,是税务机关指定,由纳税人填写,以完成纳税申报程序的一种税收文书,如表6-11~表6-13所示。本公司涉及的税种主要有增值税、城市维护建设税、教育费附加、地方教育费附加、企业所得税、个人所得税及少量印花税等。增值税申报表还有进项税额、销项税额;所得税申报表还有销售收入、销售利润、应纳税所得额、应纳所得税额等。商业企业所得税按季预缴,按年汇算清缴,每季度计算所得税,即每年4月、7月、11月、1月交纳所得税,按实际情况交纳,次年的1—5月是汇算清缴的月份,按年度调整纳税。

5. 编制财务报告

财务报告(又称财务会计报告)是指企业对外提供的反映企业某一特定日期的财务状况和某一会计期间的经营成果、现金流量等会计信息的文件。根据有关资料编制本月的资产负债表、利润表及全年的利润表、资产负债表和现金流量表。

6. 财务分析

构建适合本公司的财务分析体系,根据有关资料,对本公司去年和今年的相关数据进行财务分析,同时利用杜邦分析体系进行分析。

实验六 工业企业会计实训

三、实训资料

附件 6-1-1/1

附件 6-2-1/5

上海增值税普通发票

开票日期：2019 年 11 月 25 日　　　　NO.9358686458773853728

购货单位	名　　　称：河南博奥服饰有限公司						密码区		
	纳税人识别号：4125 7536 8236 678								
	地　址、电　话：河南省银花市云鹤路 19 号　0137-69752974								
	开户行及账号：中国工商银行银花支行 0522 2673 5937 53456								
货物及应税劳务名称	规格型号	单位	数量	单价	金额		税率		税额
房费			4	355	1 420.00		6		85.20
合计					1 420.00				85.20
价税合计（大写）	壹仟伍佰零伍元贰角整			（小写）¥1 505.20					
销货单位	名　　　称：上海莱德酒店管理有限公司						备注		
	纳税人识别号：312349675234501								
	地　址、电　话：上海黄浦区四川东路 34 号　021-89834899								
	开户行及账号：中国建设银行黄浦支行 9081342815345799								

销货单位（章）：　　　收款人：　　　复核：张华　　　开票人：王前

附件 6-2-2/5

```
G123456

     郑州                          上海虹桥
     Zheng zhou                   Shang hai hong qiao
                    G370 次
     2019 年 11 月 25 日 08:55 开    10 车      11C 座
     ¥447 元
     限乘当日当次车
     在 3 日内到有效
```

附件 6-2-3/5

```
G123456

     上海虹桥                        郑州
     Shang hai hong qiao           Zheng zhou
                    G370 次
     2019 年 11 月 28 日 07:25 开    9 车       05A 座
     ¥447 元
     限乘当日当次车
     在 3 日内到有效
```

附件 6-2-4/5

差旅费报销单

报销部门：整烫车间　　　　　2019 年 12 月 02 日　　　　　附单据 叁 张

姓　名		王铭	职务	车间主任		出差事由	技术培训		
起日	止日	起讫地点	项目	张数	金额	项目	天数	金额	
2019年 11月25日	2019年 11月28日	郑州至上海	火车费	2	894.00	途中补助			
			汽车费			住勤补助			
			市内交通费			夜间乘车			
			住宿费		1 505.20	其他			
			邮电费						
			小　计			小　计			
合　计			人民币（大写）贰仟叁佰玖拾玖元贰角整　　￥：2 399.20						
批准	陆小雨	财务核准		财务审核		李鹤洋	部门审核	李楠	

附件 6-2-5/5

附件 6-3-1/2

中国工商银行
转账支票存根
25658620
42345326

附加信息

出票日期 2019 年 12 月 03 日

收款人：郑州舒雅服务有限公司

金　额：15 000.00

用　途：房租

单位主管：　　　　　　会计：

附件 6-3-2/2

河南省增值税普通发票

发 票 联

开票日期：2019 年 12 月 03 日　　　　　　NO.89736578240725842

购货单位	名　　称	河南博奥服饰有限公司						
	纳税人识别号：	4125 7536 8236 678						
	地址、电话：	河南省银花市云鹤路 19 号　0137-69752974						
	开户行及账号：	中国工商银行银花支行 0522 2673 5937 53456						
货物及应税劳务名称	规格型号	单位	数量	单价	金额	税率	税额	
2020 年度第一季度房租				14 285.71	14 285.71	5%	714.29	
合计					14 285.71	5%	714.29	
价税合计（大写）	壹万伍仟元整		（小写）¥15 000.00					
销货单位	名　　称	郑州舒雅服务有限公司				备注		
	纳税人识别号：	832745312234068						
	地址、电话：	河南省郑州市金水区大学路 25 号　0371-66784586						
	开户行及账号：	中国浦发银行大学路支行 0456037634545229						

销货单位（章）：　　　收款人：　　　复核：李立明　　　开票人：张三明

附件 6-4-1/3

河南省增值税专用发票

发 票 联

开票日期：2019 年 12 月 05 日   NO.4856598648565483

购货单位	名　　称：	河南博奥服饰有限公司					密码区		
	纳税人识别号：	4125 7536 8236 678							
	地址、电话：	河南省银花市云鹤路 19 号　0137-69752974							
	开户行及账号：	中国工商银行银花支行 0522 2673 5937 53456							
货物及应税劳务名称	规格型号	单位	数量	单价	金额	税率	税额		
混纺布		米	30 100	25.00	752 500.00	13%	97 825.00		
羊毛布		米	10 050	45.00	452 250.00	13%	58 792.50		
衬布		米	350	2.00	700.00	13%	91.00		
合计					1 205 450.00	13%	156 708.50		
价税合计（大写）		壹佰叁拾陆万贰仟壹佰伍拾捌元伍角整				（小写）¥1 362 158.50			
销货单位	名　　称：	银花市第三棉纺厂					备注		
	纳税人识别号：	4236 2359 8522 952							
	地址、电话：	河南省银花市中州大道 56 号							
	开户行及账号：	中国建设银行银花支行 2865 4569 8652 4895 28							

销货单位（章）：　　　收款人：　　　复核：杨敏　　　开票人：姚兆丰

附件 6-4-2/3

河南省增值税专用发票

抵 扣 联

开票日期：2019 年 12 月 05 日   NO.4856598648565483

购货单位	名　　称：	河南博奥服饰有限公司					密码区		
	纳税人识别号：	4125 7536 8236 678							
	地址、电话：	河南省银花市云鹤路 19 号　0137-69752974							
	开户行及账号：	中国工商银行银花支行 0522 2673 5937 53456							
货物及应税劳务名称	规格型号	单位	数量	单价	金额	税率	税额		
混纺布		米	30 100	25.00	752 500.00	13%	97 825.00		
羊毛布		米	10 050	45.00	452 250.00	13%	58 792.50		
衬布		米	350	2.00	700.00	13%	91.00		
合计					1 205 450.00	13%	156 708.50		
价税合计（大写）		壹佰叁拾陆万贰仟壹佰伍拾捌元伍角整				（小写）¥1 362 158.50			
销货单位	名　　称：	银花市第三棉纺厂					备注		
	纳税人识别号：	4236 2359 8522 952							
	地址、电话：	河南省银花市中州大道 56 号							
	开户行及账号：	中国建设银行银花支行 2865 4569 8652 4895 28							

销货单位（章）：　　　收款人：　　　复核：杨敏　　　开票人：姚兆丰

附件 6-4-3/3

收 料 单

供货单位：银花市第三棉纺厂
发票号码：4856598648565483　　　　2019 年 12 月 05 日　　　　　　收货仓库：原料库

材料类别	名称及规格	计量单位	数量 应收	数量 实收	实际成本 单价	实际成本 金额
102	混纺布	米	30 100	30 100	25.00	752 500.00
103	羊毛布	米	10 050	10 050	45.00	452 250.00
201	衬布	米	350	350	2.00	700.00
金额（大写）：壹佰贰拾万伍仟肆佰伍拾零元零角零分				¥ 1 205 450.00		

验收：杜斌　　　　　保管：　　　　　　记账：　　　　　　　　　　制单：杜斌

此联验收留存

附件 6-5-1/3

中国工商银行　电子转账凭证

币种：人民币　　　　　委托日期：2019 年 12 月 05 日　　　　　　凭证编号：2641367324748

付款人	全　称	河南博奥服饰有限公司	收款人	全　称	批量代付								
	账　号	0522 2673 5937 53456		账　号									
	开户银行	中国工商银行银花支行		汇入地点	省　市/县								
汇出行名称		中国工商银行银花支行	汇入行名称										
金额	人民币（大写）叁拾壹万陆仟柒佰零伍元整				千	百	十	万	仟	百	十	元	角	分
					¥		3	1	6	7	0	5	0	0

附加信息及用途：
发放职工工资

支付密码

根据中国工商银行河南博奥服饰有限公司客户 052672 号电子指令，上述款项已由本行支付

客户经办人员：6582

（中国工商银行银花支行 2019.12.05 转讫）

附件 6-5-2/3

特色业务工行银花支行批量代付成功清单

机械代码：5862134567326　　　机构名称：中国工商银行银花支行　　　入账日期：2019 年 12 月 05 日

账号	姓名	金额
0522430000006801	王墨真	5 500.00
0522430000006802	李鹤洋	4 250.00
0522430000006803	王晓芳	3 200.00
0522430000006804	张毅	3 200.00
052243000006805	赵丽健	3 200.00
0522430000006806	刘莉	3 200.00
以下略	……	……
合计		316 705.00

附件 6-5-3/3

附件 6-6-1/1

托收凭证（收账通知）

委托日期：2019 年 12 月 6 日

业务类型	委托收款（□邮划、□电划）托收承付（☑邮划、□电划）														
付款人	全 称	河南梦杰服装有限公司			收款人	全 称	河南博奥服饰有限公司								此联作收款人开户银行给收款人的收账通知
	账 号	7549 8952 1256 69522				账 号	4125 7536 8236 678								
	地 址	河南省漯河市	开户行	建行解放路支行		地 址	河南省银花市	开户行	工行银花支行						
金额	人民币（大写）叁拾壹万元整				亿	千	百	十	万	千	百	十	元	角	分
							¥	3	1	0	0	0	0	0	0
款项内容	货款	托收凭据名 称			附寄单证张数				壹张						
商品发运情况	已发货				合同名称中国工商银行银花支行										
备注：验货付款 复核 记账					2019.12.06 收讫 收款人开户银行签章 2019 年 12 月 6 日										

附件 6-7-1/4

附件 6-7-2/4

银花市住房公积金汇（补）缴书　　NO.004528

2019 年 12 月 08 日　　　　　　　　　　　　　　　　　　　　附清册 10 张

单位名称	河南博奥服饰有限公司					汇缴：☑		2019 年 11 月								
住房公积金账号	00568200174					补缴：□		人　　月								
汇缴金额 人民币（大写）	捌万零贰佰元整						百	十万	千	百	十	元	角	分		
							¥		8	0	2	0	0	0	0
上月汇缴		本月增加数		本月减少数				本月汇缴							
人数	金额	人数	金额	人数	金额		人数			金额					
102	80 200	0	0.00	0	0.00		102			80 200.00					
付款 方式	转账☑ 现金□	付款行 工行银花支行		付款账号 05222673593753456			支票号码 087529									

经办人：郭志伟

注：清册 10 张略

中国工商银行银花支行　2019.12.08　转讫

附件 6-7-3/4

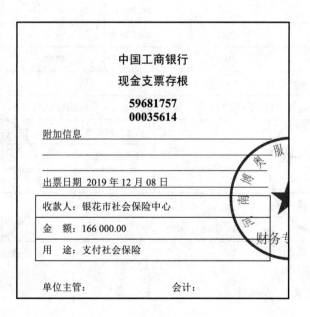

中国工商银行
现金支票存根
59681757
00035614

附加信息 _____

出票日期 2019 年 12 月 08 日
收款人：银花市社会保险中心
金　额：166 000.00
用　途：支付社会保险

单位主管：　　　　会计：

附件6-7-4/4

社会保险费单位缴费申报表

填表日期：2019年12月08日　　费款所属期 2019年11月至2019年11月　　金额单位：元（列至角分）

单位名称			河南博奥服饰有限公司		社会保险登记编码	284589120253571
税务登记证号			4125 7536 8236 678			
开户银行			中国工商银行银花支行		账号	0522 2673 5937 53456
费种		项目	缴费人数	缴费基数	费率	应缴费额
基本养老保险		单位	102	401 000.00	20%	80 200.00
		个人		401 000.00	8%	32 080.00
		小计				112 280.00
失业保险		单位	102	401 000.00	2%	8 020.00
		个人		401 000.00	1%	4 010.00
		小计				12 030.00
医疗保险	基本医疗保险	单位	102	401 000.00	8%	32 080.00
		个人		401 000.00	2%	8 020.00
		小计				40 100.00
工伤保险			102	401 000.00	0.5%	2 005.00
生育保险			102	401 000.00	1%	4 010.00
合计			102	401 000.00	42.5%	170 425.00

金额合计（人民币）大写　壹拾柒万零肆佰贰拾伍元整

如缴费单位填报，请填写下列各栏		如委托代理人填报，请填写下列各栏	
单位（盖章）	经办人（盖章）	代理机构名称	代理机构（盖章）
		代理机构地址	
		经办人	
以下由主管税务机关填写			
受理日期	2019年12月08日	受理人	王颖颖
主管税务机关（盖章）：		数据识读区（供打印条形码使用）	

附件 6-8-1/2

中国工商银行电子缴税付款凭证

转账日期：2019 年 12 月 08 日　　　　　　　　　　　　　　凭证字号 20161208839471

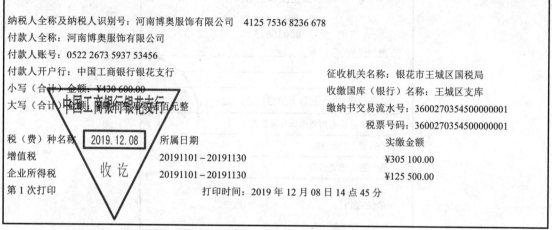

纳税人全称及纳税人识别号：河南博奥服饰有限公司　4125 7536 8236 678
付款人全称：河南博奥服饰有限公司
付款人账号：0522 2673 5937 53456
付款人开户行：中国工商银行银花支行　　　　　征收机关名称：银花市王城区国税局
小写（合计）金额：¥430 600.00　　　　　　　　收缴国库（银行）名称：王城区支库
大写（合计）金额：¥肆拾叁万零陆佰元整　　　　缴纳书交易流水号：3600270354500000001
　　　　　　　　　　　　　　　　　　　　　　　税票号码：3600270354500000001

税（费）种名称	所属日期	实缴金额
增值税	20191101-20191130	¥305 100.00
企业所得税	20191101-20191130	¥125 500.00

第 1 次打印　　　　　　　　打印时间：2019 年 12 月 08 日 14 点 45 分

第二联　作付款回单（无银行收讫章无效）　　复核：李晓东　　　　记账：李春丽

附件 6-8-2/2

中国工商银行电子缴税付款凭证

转账日期：2019 年 12 月 08 日　　　　　　　　　　　　　　凭证字号 20195689031258

纳税人全称及纳税人识别号：河南博奥服饰有限公司　418365937692754
付款人全称：河南博奥服饰有限公司
付款人账号：0522 2673 5937 53456
付款人开户行：中国工商银行银花支行　　　　　征收机关名称：银花市王城区国税局
小写（合计）金额：¥35 091.00　　　　　　　　收缴国库（银行）名称：金城区支库
大写（合计）金额：¥叁拾伍万零玖拾壹元整　　　缴纳书交易流水号：8905630246524000002
　　　　　　　　　　　　　　　　　　　　　　　税票号码：8905630246524000002

税（费）种名称	所属日期	实缴金额
城建税	20191101-20191130	¥21 822.00
教育费附加	20191101-20191130	¥9 638.00
地方教育费附加	20191101-20191130	¥3 546.00
个人所得税	20191101-20191130	¥85.00

第 1 次打印　　　　　　　　打印时间：2019 年 12 月 08 日 15 点 24 分

第二联　作付款回单（无银行收讫章无效）　　复核：葛晓东　　　　记账：魏浩浩

附件 6-9-1/2

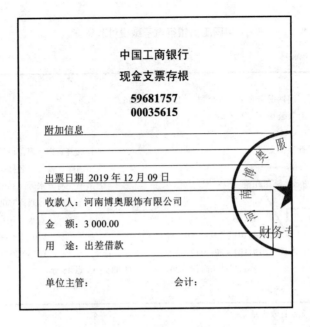

中国工商银行
现金支票存根
59681757
00035615

附加信息

出票日期 2019 年 12 月 09 日

收款人：河南博奥服饰有限公司

金　额：3 000.00

用　途：出差借款

单位主管：　　　　　会计：

附件 6-9-2/2

借　款　单

2019 年 12 月 09 日

借款部门	采购部	借款人	孙文芳	出差地点	四川
款项类别	现金支票				
借款用途及理由	出差采购				
借款金额	（大写）叁仟元整			¥3 000.00	
批准人	王墨真	财务核准		财务审核	李鸿洋	赵玲玲
附件（张）		备　注			

注：本单由会计室使用并管理。

附件 6-10-1/2

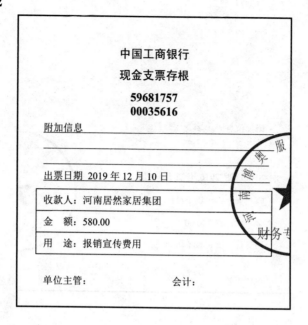

中国工商银行
现金支票存根
59681757
00035616

附加信息

出票日期 2019 年 12 月 10 日

收款人：河南居然家居集团

金　额：580.00

用　途：报销宣传费用

单位主管：　　　　会计：

附件 6-10-2/2

河南省商业货物销售发票

购货单位：　　　　　　　　　2019 年 12 月 10 日

货物及规格	单位	数量	单价	金额							备注
				十万	万	千	百	十	元	角	分
展示架	个	1	580			¥	5	8	0	0	0
合计金额（大写）	伍佰捌拾元整						¥580.00				
结算方式	现金支票	开户银行及账号									

销售单位：河南居然家居集团　　　　收款人：范倩　　　　开票人：范倩

附件 6-11-1/4

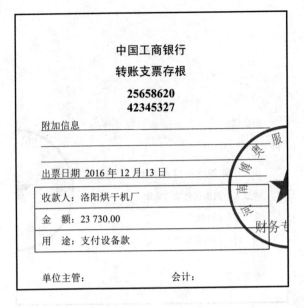

附件 6-11-2/4

河南省增值税专用发票
抵 扣 联

开票日期：2019 年 12 月 13 日　　　　　　　　　　　　　　　NO 45621235

购货单位	名　　称：河南博奥服饰有限公司 纳税人识别号：4125 7536 8236 678 地　址、电　话：河南省银花市云鹤路 19 号 0137-69752974 开户行及账户：中国工商银行银花支行 0522 2673 5937 53456	密码区

货物及应税劳务名称	规格型号	单位	数量	单价	金额	税率	税额
烘干机	G158	台	1	21 000.00	21 000.00	13%	2 730.00
合计							

税价合计（大写）　　贰万叁仟柒佰叁拾元整　　　　　　　　　（小写）¥23 730.00

销货单位	名　　称：洛阳烘干机厂 纳税人识别号：8102258686235684 地　址、电　话：洛阳市丰台区清华苑路 开户行及账号：建行丰台支行	备注

销货单位（章）：　　　收款人：　　　复核：吴敏　　　开票人：张建新

附件 6-11-3/4

河南省增值税专用发票

开票日期：2019 年 12 月 13 日　　　　　　　　　　　NO 23356781

购货单位	名　　　称：河南博奥服饰有限公司 纳税人识别号：8102258686235684 地　址、电　话：河南省银花市云鹤路 19 号 0137-69752974 开户行及账户：中国工商银行银花支行 0522 2673 5937 53456	密码区	

货物及应税劳务名称	规格型号	单位	数量	单价	金额	税率	税额
烘干机	G158	台	1	21 000.00	21 000.00	13%	2 730.00
合计							
税价合计（大写）	贰万叁仟柒佰叁拾元整			（小写）¥23 730.00			

销货单位	名　　　称：洛阳烘干机厂 纳税人识别号：3102448686287785 地　址、电　话：洛阳市丰台区清华苑路 开户行及账户：建行丰台支行	备注	（洛阳烘干机厂 8102258686235684 发票专用章）

销货单位（章）：　　收款人：　　　　复核：吴敏　　　　开票人：张建新

附件 6-11-4/4

固定资产入库单

2019 年 12 月 13 日

资产名称	烘干机	单　价	¥21 000
型号规格	G158	数　量	1
资产来源	购买	使用期限	10 年
入库日期	2019 年 12 月 13 日	使用部门	裁制车间

单位负责人：　　财会负责人：　　复核：李鹤洋　　制表：王晓芳

附件 6-12-1/1

河南省商业货物销售发票

发票联

2019 年 12 月 16 日

购货单位：

货物及规格	单位	数量	单价	金额								备注
				十万	万	千	百	十	元	角	分	
文件夹	个	20	5				¥	1	0	0	00	
合计金额（大写）	壹佰元整			¥100.00								
结算方式	现金		开户银行及账号									

销售单位：郑州凯迪百货公司　　　　　　收款人：王霞　　　　　　开票人：王霞

附件 6-13-1/2

现金清查盘点报告单

2019 年 12 月 18 日

日期	账面余额	实际库存额	长款	短款	原因	处理意见
2019.12.18				150.00	多付款	出纳刘莉个人赔款

单位负责人：　　　财会负责人：李鹤洋　　　复核：　　　　　　制表：李鹤洋

附件 6-13-2/2

收　据

2019 年 12 月 18 日

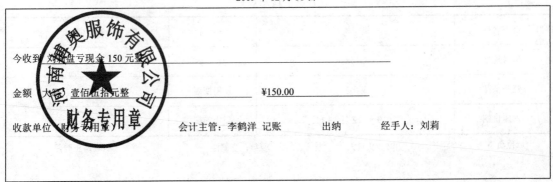

今收到　刘莉盘亏现金 150 元整

金额（大写）　壹佰伍拾元整　　　　　¥150.00

收款单位（财务专用章）　会计主管：李鹤洋　记账　　出纳　　经手人：刘莉

附件 6-14-1/1

中国工商银行进账单（收账通知）

2019 年 12 月 26 日　　　　　　　　　　　　NO：25698003

出票人	全称	丽雅服装厂		收款人	全称	河南博奥服饰有限公司									交给收款人的收账通知	此联是收款人开户银行
	账号	8654321124533684			账号	0522 2673 5937 53456										
	开户银行	建行建设路支行			开户银行	中国工商银行银花支行										
金额	人民币（大写）：叁万元整					亿	千	百	十	万	千	百	十	元	角	分
									¥	3	0	0	0	0	0	0
票据种类		电汇		票据张数												
票据号码				开户银行签章												
复核				记账												

附件 6-15-1/13

领　料　单　　1（领料部门留存）

领料单位：整烫车间　　　　　　　　　　　　　　　　凭证编号：NO.20161201

用途：生产化纤西裤　　　　　　2019 年 12 月 03 日　　　　　　发料仓库：原材料库

材料编号	材料名称	规格	计量单位	数量		单位成本	金额	备注
				请领	实发			
301	包装袋		个	25 000	25 000	0.20	5 000.00	用于 1101 批

金额合计（大写）：○拾○万伍仟零佰零拾零元零角零分　　¥：5 000.00

保管部门主管：　　　　发料人：王五　　　　领料部门主管：　　　　领料人：张三

附件 6-15-2/13

领　料　单　　1（领料部门留存）

领料单位：裁制车间　　　　　　　　　　　　　　　　凭证编号：NO.20161202

用途：生产混纺西裤　　　　　　2019 年 12 月 05 日　　　　　　发料仓库：原材料库

材料编号	材料名称	规格	计量单位	数量		单位成本	金额	备注
				请领	实发			
102	混纺布		米	30 000	30 000	25.00	750 000.00	用于 1202 批
202	塔线		个	2 500	2 500	4.00	10 000.00	用于 1202 批

金额合计（大写）：柒拾陆万零仟零佰零拾零元零角零分　　¥：760 000.00

保管部门主管：　　　　发料人：王五　　　　领料部门主管：　　　　领料人：张三

附件 6-15-3/13

领 料 单　　1（领料部门留存）

领料单位：裁制车间　　　　　　　　　　　　　　　　　　　凭证编号：NO.20161203

用途：生产羊毛西裤　　　　　　2019年12月05日　　　　　　发料仓库：原材料库

材料编号	材料名称	规格	计量单位	数量		单位成本	金额	备注
				请领	实发			
103	羊毛布		米	13 000	13 000	45.00	585 000.00	用于1203批
202	塔线		个	800	800	4.00	3 200.00	用于1203批
金额合计（大写）：伍 拾 捌 万 捌 仟 贰 佰 零 拾 零 元 零 角 零 分　　¥：588 200.00								

保管部门主管：　　　　　发料人：王五　　　　　领料部门主管：　　　　　领料人：张三

附件 6-15-4/13

领 料 单　　1（领料部门留存）

领料单位：整烫车间　　　　　　　　　　　　　　　　　　　凭证编号：NO.20161204

用途：生产混纺西裤　　　　　　2019年12月06日　　　　　　发料仓库：原材料库

材料编号	材料名称	规格	计量单位	数量		单位成本	金额	备注
				请领	实发			
204	金属扣子		个	20 000	20 000	0.50	10 000.00	用于1202批
206	金属拉链		个	20 000	20 000	4.00	80 000.00	用于1202批
金额合计（大写）：〇 拾 玖 万 零 仟 零 佰 零 拾 零 元 零 角 零 分　　¥：90 000.00								

保管部门主管：　　　　　发料人：王五　　　　　领料部门主管：　　　　　领料人：李亮亮

附件 6-15-5/13

领 料 单　　1（领料部门留存）

领料单位：整烫车间　　　　　　　　　　　　　　　　　　　凭证编号：NO.20161205

用途：生产混纺西裤　　　　　　2019年12月06日　　　　　　发料仓库：原材料库

材料编号	材料名称	规格	计量单位	数量		单位成本	金额	备注
				请领	实发			
201	衬布		米	200	200	2.00	400.00	用于1202批
202	塔线		个	500	500	4.00	2 000.00	用于1202批
金额合计（大写）：〇 拾 〇 万 贰 仟 肆 佰 零 拾 零 元 零 角 零 分　　¥：2 400.00								

保管部门主管：　　　　　发料人：王五　　　　　领料部门主管：　　　　　领料人：李亮亮

附件 6-15-6/13

领 料 单 1（领料部门留存）

领料单位：供修车间 凭证编号：NO.20161206

用途：劳动保护 2019 年 12 月 10 日 发料仓库：原材料库

材料编号	材料名称	规格	计量单位	数量 请领	数量 实发	单位成本	金额	备注
302	工作服		件	8	8	50.00	400.00	
303	口罩		个	50	50	0.30	15.00	
304	专用工具		个	20	20	75.00	1 500.00	

金额合计（大写）：〇 拾 〇 万 壹 仟 玖 佰 壹 拾 伍 元 零 角 零 分 ¥ 1 915.00

保管部门主管： 发料人：王五 领料部门主管： 领料人：赵晓晓

附件 6-15-7/13

领 料 单 1（领料部门留存）

领料单位：裁制车间 凭证编号：NO.20161207

用途：劳动保护 2019 年 12 月 12 日 发料仓库：原材料库

材料编号	材料名称	规格	计量单位	数量 请领	数量 实发	单位成本	金额	备注
302	工作服		件	60	60	50.00	3 000.00	
303	口罩		个	100	100	0.30	30.00	

金额合计（大写）：〇 拾 〇 万 叁 仟 零 佰 叁 拾 零 元 零 角 零 分 ¥ 3 030.00

保管部门主管： 发料人：王五 领料部门主管： 领料人：张三

附件 6-15-8/13

领 料 单 1（领料部门留存）

领料单位：整烫车间 凭证编号：NO.20161208

用途：劳动保护 2019 年 12 月 12 日 发料仓库：原材料库

材料编号	材料名称	规格	计量单位	数量 请领	数量 实发	单位成本	金额	备注
302	工作服		件	20	20	50.00	1 000.00	
303	口罩		个	50	50	0.30	15.00	

金额合计（大写）：〇 拾 〇 万 壹 仟 零 佰 壹 拾 伍 元 零 角 零 分 ¥ 1 015.00

保管部门主管： 发料人：王五 领料部门主管： 领料人：李亮亮

附件 6-15-9/13

领 料 单　　1（领料部门留存）

领料单位：整烫车间　　　　　　　　　　　　　　　　　　　凭证编号：NO.20161209

用途：生产羊毛西裤　　　　　2019 年 12 月 14 日　　　　　　发料仓库：原材料库

材料编号	材料名称	规格	计量单位	数量		单位成本	金额	备注
				请领	实发			
204	金属扣子		个	32 000	32 000	0.50	16 000.00	用于 1203 批
206	金属拉链		条	8 000	8 000	4.00	32 000.00	用于 1203 批

金额合计（大写）：〇 拾 肆 万 捌 仟 零 佰 零 拾 零 元 零 角 零 分　　¥: 48 000.00

保管部门主管：　　　　发料人：王五　　　　领料部门主管：　　　　领料人：李亮亮

附件 6-15-10/13

领 料 单　　1（领料部门留存）

领料单位：整烫车间　　　　　　　　　　　　　　　　　　　凭证编号：NO.20161210

用途：生产羊毛西裤　　　　　2019 年 12 月 14 日　　　　　　发料仓库：原材料库

材料编号	材料名称	规格	计量单位	数量		单位成本	金额	备注
				请领	实发			
201	衬布		米	80	80	2.00	160.00	用于 1203 批
202	塔线		个	200	200	4.00	800.00	用于 1203 批

金额合计（大写）：〇 拾 〇 万 〇 仟 玖 佰 陆 拾 零 元 零 角 零 分　　¥: 960.00

保管部门主管：　　　　发料人：王五　　　　领料部门主管：　　　　领料人：李亮亮

附件 6-15-11/13

领 料 单　　1（领料部门留存）

领料单位：整烫车间　　　　　　　　　　　　　　　　　　　凭证编号：NO.20161211

用途：生产混纺、羊毛西裤　　2019 年 12 月 26 日　　　　　　发料仓库：原材料库

材料编号	材料名称	规格	计量单位	数量		单位成本	金额	备注
				请领	实发			
301	包装袋		个	20 000	20 000	0.20	4 000.00	用于 1202 批
301	包装袋		个	500	500	0.20	100.00	用于 1203 批

金额合计（大写）：〇 拾 〇 万 肆 仟 壹 佰 零 拾 零 元 零 角 零 分　　¥: 4 100.00

保管部门主管：　　　　发料人：王五　　　　领料部门主管：　　　　领料人：李亮亮

附件 6-15-12/13

周转材料发出汇总表

2019 年 12 月 30 日

领用部门	类别	包装袋		工作服		口罩		专用工具		金额合计
		数量	金额	数量	金额	数量	金额	数量	金额	
裁制车间	1101 批化纤西裤									
	1202 批混纺西裤									
	1203 批羊毛西裤									
	一般消耗									
整烫车间	1101 批化纤西裤									
	1202 批混纺西裤									
	1203 批羊毛西裤									
	一般消耗									
供修车间										
管理部门										
销售部门										
合计										

复核：李鹤洋　　　　　　　　　　　　　　　　　　　　制表：张毅

附件 6-15-13/13

原材料发出汇总表

2019 年 12 月 30 日

领用部门	类别	原材及主要材料						辅助材料										合计
		化纤布		混纺布		羊毛布		衬布		塔线		塑料扣子		金属扣子		普通拉链	金属拉链	
		数量	金额	数量	金额	数量	金额	数量	金额	数量	金额	数量	金额	数量	金额	数量 金额	数量 金额	
裁制车间	1101 批化纤西裤																	
	1202 批混纺西裤																	
	1203 批羊毛西裤																	
	一般消耗																	
整烫车间	1101 批化纤西裤																	
	1202 批混纺西裤																	
	1203 批羊毛西裤																	
	一般消耗																	
供修车间																		
管理部门																		
销售部门																		
对外出售																		
合计																		

复核：李鹤洋　　　　　　　　　　　　　　　　　　　　制表：张毅

附件 6-16-1/2

河南省增值税专用发票

开票日期：2019 年 12 月 30 日　　　　　　　　　　　　　　　　NO.2387593248760293869

购货单位	名　　称：	河南梦杰服装有限公司				密码区			
	纳税人识别号：	4328957324875892489							
	地　址、电　话：	河南省银花市来福路 345 号 0370-68732957							
	开户行及账户：	中国交通银行雨花支行 837583857463824597							
货物及应税劳务名称	规格型号	单位	数量	单价	金额		税率	税额	
化纤西裤		条	30 000	55.00	1 650 000.00		13%	214 500.00	
混纺西裤		条	20 000	78.00	1 560 000.00		13%	202 800.00	
羊毛西裤		条	100	90.00	9 000.00		13%	1 170.00	
合　计					3 219 000.00		13%	418 470.00	
税价合计（大写）		叁佰陆拾叁万柒仟肆佰柒拾元整				（小写）¥3 637 470.00			
销货单位	名　　称：	河南博奥服饰有限公司				备注			
	纳税人识别号：	412575368236678							
	地　址、电　话：	河南省银花市云鹤路 19 号 0137-69752974							
	开户行及账户：	中国工商银行银花支行 05222673593753456							

销货单位（章）：　　　　收款人：　　　　　　复核：李鹤洋　　　　　　开票人：张毅

附件 6-16-2/2

中国工商银行进账单（收账通知）

2019 年 12 月 30 日　　　　　　　　　　　　　　　　NO.00355667

出票人	全称	河南梦杰服装有限公司	收款人	全称	河南博奥服饰有限公司									
	账号	837583857463824597		账号	05222673593753456									
	开户银行	中国交通银行银花支行		开户银行	中国工商银行银花支行									
金额	人民币（大写）：叁佰陆拾叁万柒仟肆佰柒拾元整					亿	千	百	十	万	千	百	十	元	角	分
					¥		3	6	3	7	4	7	0	0	0
票据种类	电汇		票据张数											
票据号码														
复核			记账		开户银行签章									

附件 6-17-1/1

中国工商银行河南省分行　贷款还款通知单

2019 年 12 月 30 日

付款单位	账号	05222743593750384		收款单位	账号	0808222000000001001		
	户名	河南博奥服饰有限公司			户名	工行银行银花分行		
	开户银行	工行银花支行			开户银行	工行银花支行		
科目		账号	131	种类	临时贷款	利率	4.35%	附加利率	0

计息起止时间	2019 年 09 月 30 日至 2019 年 12 月 30 日	还本金额	100 500
累计积数		日利率	0.012 08%
应计利息	1 092.94	应还利息合计	101 592.94

上列款项已经从你单位扣付

支款通知

中国工商银行银花支行　2019.12.30　转讫

转账日期：2019 年 12 月 30 日

附件 6-18-1/1

固定资产折旧提取表

2019 年 12 月　　　　　　　　　　　　　　　　单位：元

部门	固定资产名称	月初应提固定资产原值	月折旧率	折旧额
裁制车间	厂房	1 000 000		
	验布机	21 000		
	预编机	95 000		
	自动裁床	130 000		
	平缝机	85 000		
	锁边机	9 600		
	真空抽湿机	8 000		
整烫车间	厂房	500 000		
	锁眼机	30 000		
	大面烫台	8 000		
	钉扣机	14 400		
	包装设备	2 000		
供修车间	修理设备	80 000		
厂部	小轿车	150 000		
	空调	10 000		
	打印机	1 500		
	电脑	32 000		

复核：李鹤洋　　　　　　　　　　　　　　　　　　　　　　　制表：赵丽健

附件 6-19-1/4

附件 6-19-2/4

河南省增值税专用发票

开票日期：2019 年 12 月 30 日　　　　　　NO.82975892579283252

购货单位	名　　称：河南博奥服饰有限公司						密码区		
	纳税人识别号：412575368236678								
	地　址、电　话：河南省银花市云鹤路 19 号　0137-69752974								
	开户行及账户：中国工商银行银花支行 05222673593753456								
货物及应税劳务名称	规格型号	单位	数量	单价	金额	税率	税额
电费		度	8 000	0.9	7 200.00	13%	936.00
合计					￥7 200.00		￥936.00
税价合计（大写）	捌仟壹佰叁拾陆元零角零分				（小写）￥8 136.00		
销货单位	名　　称：银花市电业局						备注		
	纳税人识别号：419085205823458								
	地　址、电　话：河南省银花市天鹤路 478 号　0137-69342948								
	开户行及账号：工行天鹤支行 05229375973220429								

销货单位（章）：　　　收款人：　　　复核：何红　　　开票人：郝一鸣

附件 6-19-3/4

河南省增值税专用发票

抵扣联

开票日期：2019 年 12 月 30 日　　　　　　　　　NO.82975892579283252.

购货单位	名　　称：河南博奥服饰有限公司 纳税人识别号：412575368236678 地　址、电　话：河南省银花市云鹤路 19 号 0137-69752974 开户行及账户：中国工商银行银花支行 05222673593753456	密码区

货物及应税劳务名称	规格型号	单位	数量	单价	金额	税率	税额
电费		度	8 000	0.9	7 200.00	13%	936.00
合计					￥7 200.00		￥936.00

税价合计（大写）	捌仟壹佰叁拾陆元零角零分	小写 ￥8 136.00

销货单位	名　　称：银花市电业局 纳税人识别号：419085205823458 地　址、电　话：河南省银花市天鹤路 478 号 0137-69342948 开户行及账户：工行天鹤支行 05229375973220429	备注

销货单位（章）：　　　　收款人：　　　　复核：何红　　　　开票人：郝一鸣

附件 6-19-4/4

电费分配表

2019 年 12 月

使用部门	用电量	单价（元/度）	分配金额
裁制车间	5 000		
整烫车间	2 400		
供修车间	400		
管理部门	200		
	8 000	0.90	7 200.00

复核：李鹤洋　　　　　　　　　　　　　　　　　　制表：张毅

附件 6-20-1/3

应付职工薪酬汇总表

2019 年 12 月 30 日

编制单位：河南博奥服饰有限公司

部门	人员	人数	基本工资	岗位津贴	奖金	计时工资	应付职工薪酬	养老保险	医疗保险	失业保险	住房公积金	所得税	合计
裁制车间	生产工人	60	72 000.00	60 000.00	48 000.00	30 000.00	210 000.00	16 800.00	4 200.00	2 100.00	21 000.00	0.00	165 900.00
	管理人员	5	15 000.00	6 000.00	7 500.00	1 500.00	30 000.00	2 400.00	600.00	300.00	3 000.00	186.00	23 514.00
整烫车间	生产工人	20	24 000.00	20 000.00	16 000.00	18 000.00	78 000.00	6 240.00	1 560.00	780.00	7 800.00	0.00	61 620.00
	管理人员	2	6 000.00	2 400.00	3 000.00	360.00	11 760.00	940.80	235.20	117.60	1 176.00	68.72	9 221.68
辅助车间	供修车间	8	9 600.00	8 000.00	6 400.00	2 000.00	26 000.00	2 080.00	520.00	260.00	2 600.00	0.00	20 540.00
销售部门		1	3 500.00	2 000.00	1 500.00	0.00	7 000.00	560.00	140.00	70.00	700.00	98.00	5 432.00
管理部门		9	23 000.00	10 000.00	12 000.00	0.00	45 000.00	3 600.00	900.00	450.00	4 500.00	306.77	35 243.23
合计		105	153 100.00	108 400.00	94 400.00	51 860.00	407 760.00	32 620.80	8 155.20	4 077.60	40 776.00	659.49	321 470.91

复核：李鹤洋　　　　　　　　　　　　　　　　　　　　　制表：张毅

附件 6-20-2/3

应付职工薪酬分配表

2019 年 12 月 30 日

部门	人员	应借科目	定额工时	分配率	分配金额
裁制车间	生产工人	基本生产成本——化纤西裤 1101 批	1 000		
		基本生产成本——混纺西裤 1202 批	6 000		
		基本生产成本——羊毛西裤 1203 批	3 000		
		小计	10 000		
	管理人员	制造费用			
整烫车间	生产工人	基本生产成本——化纤西裤 1101 批	1 000		
		基本生产成本——混纺西裤 1202 批	4 000		
		基本生产成本——羊毛西裤 1203 批	1 000		
		小计	6 000		
	管理人员	制造费用			
辅助车间	供修车间工人	辅助生产成本			
销售部门	销售机构人员				
管理部门	管理部门人员				
合计			16 000		

复核：李鹤洋　　　　　　　　　　　　　　　　　　　　　制表：张毅

附件 6-20-3/3

五险一金计提表

2019 年 12 月 30 日

编制单位：河南博奥服饰有限公司　　　　　　　　　　　　　　　　　　　　　　　　　　金额：元

部门		对象	应付职工薪酬分配金额	医疗保险费 8.00%	失业保险费 2.00%	养老保险费 20.00%	工伤保险费 0.50%	生育保险费 1.00%	住房公积金 10.00%	合计 41.50%	应付职工薪酬总计
裁制车间	生产工人	1101 批化纤西裤									
		1202 批混纺西裤									
		1203 批羊毛西裤									
		小计									
	管理人员										
整烫车间	生产工人	1101 批化纤西裤									
		1202 批混纺西裤									
		1203 批羊毛西裤									
		小计									
	管理人员										
辅助车间供修车间											
销售机构											
管理部门											
合计											

复核：李鹤洋　　　　　　　　　　　　　　　　　　　　　　　　　　　　　　　　　制表：张毅

附件 6-21-1/2

辅助生产提供劳务工时数

2019 年 12 月 31 日

辅助生产车间	裁制车间	整烫车间	合计
供修车间	1 200	800	2 000

复核：李鹤洋　　　　　　　　　　　　　　　　　　　　　　　　　　　　　　　　　制表：张毅

附件 6-21-2/2

供修车间劳务工时数分配表

2019 年 12 月 31 日

使用部门	消耗量/工时	分配率	分配额
裁制车间			
整烫车间			
合计			

复核：李鹤洋　　　　　　　　　　　　　　　　　　　　　　　　　　　　　　　　　制表：张毅

附件 6-22-1/1

基本生产车间制造费用分配表

2019 年 12 月 31 日

车间		定额工时	分配率	制造费用分配率
裁制车间	化纤西裤 1101 批	1 000		
	混纺西裤 1202 批	6 000		
	羊毛西裤 1203 批	3 000		
	小计	10 000		
整烫车间	化纤西裤 1101 批	1 000		
	混纺西裤 1202 批	4 000		
	羊毛西裤 1203 批	1 000		
	小计	6 000		
制造费用合计		16 000		

复核：李鹤洋　　　　　　　　　　　　　　　　　　　　　　　　制表：张毅

附件 6-23-1/12

车间生产成本计算单

车间名称：裁制车间

产品名称：化纤西裤 1101 批　　　　2019 年 12 月 31 日　　　　完工产量：20 000 件

成本项目	月初在产品	本月生产费用	费用合计	完工产品成本	月末在产品成本
直接材料	495 500				
直接人工	118 000				
制造费用	29 953.02				
合计	643 453.02				

复核：李鹤洋　　　　　　　　　　　　　　　　　　　　　　　　制表：张毅

附件 6-23-2/12

车间生产成本计算单

车间名称：整烫车间

产品名称：化纤西裤 1101 批　　　　2019 年 12 月 31 日　　　　完工产量：20 000 件

成本项目	月初在产品	本月生产费用	费用合计	完工产品成本	月末在产品成本
直接材料	64 500				
直接人工	73 062.50				
制造费用	23 738				
合计	161 300.50				

复核：李鹤洋　　　　　　　　　　　　　　　　　　　　　　　　制表：张毅

附件 6−23−3/12

车间生产成本计算单

车间名称：裁制车间

产品名称：混纺西裤 1202 批　　　　2019 年 12 月 31 日　　　　　　　　完工产量：20 000 件

成本项目	月初在产品	本月生产费用	费用合计	完工产品成本	月末在产品成本
直接材料					
直接人工					
制造费用					
合计					

复核：李鹤洋　　　　　　　　　　　　　　　　　　　　　　　　　　　制表：张毅

附件 6−23−4/12

车间生产成本计算单

车间名称：整烫车间

产品名称：混纺西裤 1202 批　　　　2019 年 12 月 31 日　　　　　　　　完工产量：20 000 件

成本项目	月初在产品	本月生产费用	费用合计	完工产品成本	月末在产品成本
直接材料					
直接人工					
制造费用					
合计					

复核：李鹤洋　　　　　　　　　　　　　　　　　　　　　　　　　　　制表：张毅

附件 6−23−5/12

车间生产成本计算单

车间名称：裁制车间

产品名称：羊毛西裤 1203 批　　　　2019 年 12 月 31 日　　　　　　　　完工产量：500 件

成本项目	月初在产品	本月生产费用	费用合计	约当产量	分配率	完工产品成本	月末在产品成本
直接材料							
直接人工							
制造费用							
合计							

复核：李鹤洋　　　　　　　　　　　　　　　　　　　　　　　　　　　制表：张毅

附件 6-23-6/12

车间生产成本计算单

车间名称：整烫车间

产品名称：羊毛西裤 1203 批　　　2019 年 12 月 31 日　　　完工产量：500 件

成本项目	月初在产品	本月生产费用	费用合计	约当产量	分配率	完工产品成本	月末在产品成本
直接材料							
直接人工							
制造费用							
合计							

复核：李鹤洋　　　　　　　　　　　　　　　　　　　　　　　　　制表：张毅

附件 6-23-7/12

完工产品成本计算单

产品名称：化纤西裤 1101 批　　　2019 年 12 月 31 日　　　完工产量：20 000 件

成本项目	裁制车间	整烫车间	产品总成本	单位产品成本
直接材料				
直接人工				
制造费用				
合计				

复核：李鹤洋　　　　　　　　　　　　　　　　　　　　　　　　　制表：张毅

附件 6-23-8/12

完工产品成本计算单

产品名称：混纺西裤 1202 批　　　2019 年 12 月 31 日　　　完工产量：20 000 件

成本项目	裁制车间	整烫车间	产品总成本	单位产品成本
直接材料				
直接人工				
制造费用				
合计				

复核：李鹤洋　　　　　　　　　　　　　　　　　　　　　　　　　制表：张毅

附件 6-23-9/12

完工产品成本计算单

产品名称：羊毛西裤 1203 批　　　　2019 年 12 月 31 日　　　　　　　　　　　　完工产量：500 件

成本项目	裁制车间	整烫车间	产品总成本	单位产品成本
直接材料				
直接人工				
制造费用				
合计				

复核：李鹤洋　　　　　　　　　　　　　　　　　　　　　　　　　　　　　　　制表：张毅

附件 6-23-10/12

产成品入库单

编制单位：整烫车间　　　　　　2019 年 12 月 31 日

编号	名称	计量单位	实收数量	单位成本	总成本
1101	化纤西裤	件			
		合计			

经办人：　　　　　　　　　　验收人：王五　　　　　　　　　　仓库主管：王五

附件 6-23-11/12

产成品入库单

编制单位：整烫车间　　　　　　2019 年 12 月 31 日

编号	名称	计量单位	实收数量	单位成本	总成本
1202	混纺西裤	件			
		合计			

经办人：　　　　　　　　　　验收人：王五　　　　　　　　　　仓库主管：王五

附件 6-23-12/12

产成品入库单

编制单位：整烫车间　　　　　　2019 年 12 月 31 日

编号	名称	计量单位	实收数量	单位成本	总成本
1203	羊毛西裤	件			
		合计			

经办人：　　　　　　　　　　验收人：王五　　　　　　　　　　仓库主管：王五

附件 6-24-1/3

已确认销售产品计算表

2019 年 12 月 31 日

产品种类	月初存货成本			本期生产成本			库存总成本			已确认销售产品成本			期末存货成本		
	数量	单位成本	成本总额	数量	单位成本	成本总额	数量	单位成本	成本总额	数量	单位成本	成本总额	数量	单位成本	成本总额
化纤西裤 1101 批															
混纺西裤 1202 批															
羊毛西裤 1203 批															
合计															

复核：李鹤洋　　　　　　　　　　　　　　　　　　　　　　　　　　　　　　　　　制表：张毅

注：计算过程精确到 0.01，先计算期末存货成本，再倒挤发出产品成本，尾差计入发出产品成本。

附件 6-24-2/3

产成品出库单

用途：销售　　　　　　　　2019 年 12 月 31 日　　　　　　　　　仓库：成品库

编号	名称	计量单位	实发数量	单位成本	总成本
1101	化纤西裤	件	30 000		
		合计			

经办人：李大大　　　　　　　　　　　　　　　　　　　　　　　　　　　　　仓库主管：王五

附件 6-24-3/3

产成品出库单

用途：销售　　　　　　　　2019 年 12 月 31 日　　　　　　　　　仓库：成品库

编号	名称	计量单位	实发数量	单位成本	总成本
1204	牛仔裤	件	20 000		
		合计			

经办人：李大大　　　　　　　　　　　　　　　　　　　　　　　　　　　　　仓库主管：王五

附件 6-25-1/2

未交增值税结转表

2019 年 12 月 31 日

项目	栏次	金额
本期销项税额	1	
本期进项税额	2	
本期进项税额转出	3	
本期应抵扣税额	4=3-2	
本期应纳税金额或尚未抵扣金额	5=1-4	
转出未交增值税合计	6=5	

复核：李鹤洋　　　　　　　　　　　　　　　　　　　　　　　制表：赵丽健

附件 6-25-2/2

营业税及附加计算单

2019 年 12 月 31 日

应交税费明细项目	计算依据	金额	税（费）率	应纳税（费）额	应借科目
城市建设维护税	增值税		7%		税金及附加
教育费附加	增值税		3%		税金及附加
地方教育费附加	增值税		1%		税金及附加
合计					

复核：李鹤洋　　　　　　　　　　　　　　　　　　　　　　　制表：赵丽健

附件 6-26-1/1

坏账准备计算表

2019 年 12 月 31 日　　　　　　　　　　　　　　　　　　　　单位：元

计提项目	坏账准备月初余额	本月借方发生额	本月贷方发生额	本月坏账准备计提基础	计提率	应计提金额	实际计提金额
					1.5‰		

复核：李鹤洋　　　　　　　　　　　　　　　　　　　　　　　制表：赵丽健

附件 6-27-1/1

损益类账户结转表

2019 年 12 月 31 日 　　　　　　　　　　　　　　　　　　　　　　　　　单位：元

项目	借方金额	贷方金额
主营业务收入		
其他业务收入		
营业外收入		
主营业务成本		
其他业务成本		
税金及附加		
销售费用		
管理费用		
财务费用		
资产减值损失		
合计		

复核：李鹤洋 　　　　　　　　　　　　　　　　　　　　　　　　　　　　　制表：赵丽健

附件 6-28-1/2

所得税费用计算表

2019 年 12 月 31 日 　　　　　　　　　　　　　　　　　　　　　　　　　单位：元

项目	行次	金额
1. 税前利润	1	
2. 纳税调整		
（1）纳税调整增加额	2	
（2）纳税调整减少额	3	
3. 应纳税所得额	4=1+2−3	
4. 使用税率	5	
5. 所得税费用	6=4×5	

复核：李鹤洋 　　　　　　　　　　　　　　　　　　　　　　　　　　　　　制表：赵丽健

附件 6-28-2/2

所得税费用结转表

2019 年 12 月 31 日 　　　　　　　　　　　　　　　　　　　　　　　　　单位：元

应借科目	所得税费用金额	应贷科目
本年利润		所得税费用
合计		

复核：李鹤洋 　　　　　　　　　　　　　　　　　　　　　　　　　　　　　制表：赵丽健

附件 6–29–1/1

全年净利润结转表

2019 年 12 月 31 日　　　　　　　　　　　　　　　　　　　　　　　　单位：元

应借科目	全年净利润金额	应贷科目
合计		

复核：李鹤洋　　　　　　　　　　　　　　　　　　　　　　　　　　制表：赵丽健

附件 6–30–1/2

利润分配表

2019 年 12 月 31 日　　　　　　　　　　　　　　　　　　　　　　　　单位：元

项目	分配率	金额
全年净利润		
提取法定盈余公积	10%	
提取任意盈余公积	5%	
对外分配	30%	
未分配利润		

复核：李鹤洋　　　　　　　　　　　　　　　　　　　　　　　　　　制表：赵丽健

附件 6–30–2/2

已分配利润结转表

2019 年 12 月 31 日　　　　　　　　　　　　　　　　　　　　　　　　单位：元

项目	金额
利润分配——提取法定盈余公积	
利润分配——提取任意盈余公积	
利润分配——应付利润	
合计	

复核：李鹤洋　　　　　　　　　　　　　　　　　　　　　　　　　　制表：赵丽健

表6-11 中华人民共和国企业所得税年度纳税申报表（A类）

税款所属期间： 　　年　月　日至　年　月　日

纳税人名称：

纳税人识别号：□□□□□□□□□□□□□□□ 　　　金额单位：元（列至角分）

类别	行次	项　　目	金额
利润总额计算	1	一、营业收入（填附表一）	
	2	减：营业成本（填附表二）	
	3	税金及附加	
	4	销售费用（填附表二）	
	5	管理费用（填附表二）	
	6	财务费用（填附表二）	
	7	资产减值损失	
	8	加：公允价值变动收益	
	9	投资收益	
	10	二、营业利润（1-2-3-4-5-6-7+8+9）	
	11	加：营业外收入（填附表一）	
	12	减：营业外支出（填附表二）	
	13	三、利润总额（10+11-12）	
应纳税所得额计算	14	加：纳税调整增加额（填附表三）	
	15	减：纳税调整减少额（填附表三）	
	16	其中：不征税收入	
	17	免税收入	
	18	减计收入	
	19	减、免税项目所得	
	20	加计扣除	
	21	抵扣应纳税所得额	
	22	加：境外应税所得弥补境内亏损	
	23	纳税调整后所得（13+14-15-19-21+22）	
	24	减：弥补以前年度亏损（填附表四）	
	25	应纳税所得额（23-24）	
应纳税额计算	26	税率（25%）	
	27	应纳所得税额（25×26）	
	28	减：减免所得税额（填附表五）	

续表

类别	行次	项 目	金额
应纳税额计算	29	减：抵免所得税额（填附表五）	
	30	应纳税额（27－28－29）	
	31	加：境外所得应纳所得税额（填附表六）	
	32	减：境外所得抵免所得税额（填附表六）	
	33	实际应纳所得税额（30+31－32）	
	34	减：本年累计实际已预缴的所得税额	
	35	其中：汇总纳税的总机构分摊预缴的税额	
	36	汇总纳税的总机构财政调库预缴的税额	
	37	汇总纳税的总机构所属分支机构分摊的预缴税额	
	37－1	其中：本市总机构所属本市分支机构分摊的预缴税额	
	38	合并纳税（母子体制）成员企业就地预缴比例	
	39	合并纳税企业就地预缴的所得税额	
	40	本年应补（退）的所得税额（33－34）	
附列资料	41	以前年度多缴的所得税额在本年抵减额	
	42	以前年度应缴未缴在本年入库所得税额	

谨声明：此纳税申报表是根据《中华人民共和国企业所得税法》《中华人民共和国企业所得税法实施条例》和国家有关税收规定填报的，是真实的、可靠的、完整的。

法定代表人（签字）：　　　　　　年　月　日

纳税人公章： 经办人： 申报日期：　　年　月　日	代理申报中介机构公章： 经办人及执业证件号码： 代理申报日期：　　年　月　日	主管税务机关受理专用章： 受理人： 受理日期：　　年　月　日

表6－12　河南省地方税（费）综合申报表

纳税人名称（公章）：　　　　纳税人识别号：　　　　项目编号：　　　　金额单位：元（列至角分）

税种	征收品目	税款所属期	应税收入（计税数量）	减除项金额（计税数量）	计税依据	税率（单位税额）	本期应纳税额	减免税额	扣（抵）税额	已纳税额	本期应补（退）税额
1	2	3	4	5	6	7	8	9	10	11	12
城建税	增值税附征		0				0				
教育费附加	增值税附征		0				0				
地方教育费附加	增值税附征		0				0				

续表

税种	征收品目	税款所属期	应税收入（计税数量）	减除项金额（计税数量）	计税依据	税率(单位税额)	本期应纳税额	减免税额	扣（抵）税额	已纳税额	本期应补（退）税额
企业所得税本期				——							
企业所得税累计				——							
合计		——	——				0		——		

企业所得税附报

	营业收入	营业成本	利润总额	调整增加	调整减少	弥补亏损	应税所得率	上年应税所得额
本期							——	
累计							——	

总分机构附报

	总机构填报应分摊的所得税额	总机构填报中央财政集中分配税款的所得税额	总机构填报分支机构分摊的所得税额	分支机构填报分配比例	分支机构填报分配的所得税额
本期					
累计					

声明

纳税人声明： 　　本单位（公司、个人）所申报的各种税款真实、准确，如有虚假内容，愿承担法律责任。 法人代表（业主）签章： 年　　月　　日	代理人声明： 　　本纳税申报表是按照国家税法和税务机关有关规定填报，我确信是真实合法的。如有不实，我愿承担法律责任。 代理人（公章）： 年　　月　　日	主管税务机关： 受理人（签章）： 受理日期：　年　　月　　日 需要说明事项：

使用说明：

一、适用范围：本表适用于地税部门征收的各项税费的日常申报及项目申报。

二、本表一式三份，税务机关签收后退纳税人一份，税务机关留存两份，一份做会计凭证，一份主管税务机关存档。

表 6-13 增值税纳税申报表

（适用于一般纳税人）

根据中华人民共和国增值税暂行条例第二十二条和第二十三条的规定。纳税人不论有无销售额，均应按主管税务机关核定的纳税期限按期填报本表，并于次月一日起十五日内，向当地税务机关申报。

金额单位：元至角分

税款所属时间：自　年　月　日至　年　月　日　　　　　　　填表日期：年　月　日

纳税人识别号										增值税纳税类型： 所属行业： 电脑编码：			
纳税人名称		（公章）		法定代表人姓名			注册地址			营业地址			
开户银行及账号				企业登记注册类型						电话号码			

	项目	行次	一般货物及劳务		即征即退货物及劳务	
			本月数	本年累计	本月数	本年累计
销售额	（一）按适用税率征税货物及劳务销售额	1				
	其中：应税货物销售额	2				
	应税劳务销售额	3				
	纳税检查调整的销售额	4				
	（二）按简易征收办法征税货物销售额	5				
	其中：纳税检查调整的销售额	6				
	（三）免、抵、退办法出口货物销售额	7				
	（四）免税货物及劳务销售额	8				
	其中：免税货物销售额	9				
	免税劳务销售额	10				
税款计算	销项税额	11				
	进项税额	12				
	上期留抵税额	13				
	进项税额转出	14				
	免抵退货物应退税额	15				
	按适用税率计算的纳税检查应补缴税额	16				
	应抵扣税额合计	17=12+13－14－15+16				
	实际抵扣税额	18（若17<11为17，否则为11）				
	应纳税额	19=11－18				
	期末留抵税额	20=17－18				
	简易征收办法计算的应纳税额	21				
	按简易征收办法计算的纳税检查应补缴税额	22				
	应纳税额减征额	23				
	应纳税额合计	24=19+21－23				

续表

	项目	行次	一般货物及劳务		即征即退货物及劳务	
			本月数	本年累计	本月数	本年累计
税款缴纳	期初未缴税额（多缴为负数）	25				
	实收出口开具专用缴款书退税额	26				
	本期已缴税额	27=28+29+30+31				
	其中：① 分次预缴税额	28				
	② 出口开具专用缴款书预缴税额	29				
	③ 本期缴纳上期应纳税额	30				
	④ 本期缴纳欠缴税额	31				
	期末未缴税额（多缴为负数）	32=24+25+26－27				
	其中：欠缴税额（≥0）	33				
	本期应补（退）税额	34=24－28－29			—	—
	即征即退实际退税额	35	—	—		
	期初未缴查补税额	36			—	—
	本期入库查补税额	37			—	—
	期末未缴查补税额	38=16+22+36－37			—	—
授权声明	如果你已委托代理人申报，请填写下列资料： 为代理一切税务事宜， （地址）为本纳税人的代理申报人，任何与本申报表有关的往来文件，都可寄予此人。 授权人签字：		申报人声明	此纳税申报表是根据《中华人民共和国增值税暂行条例》的规定填报的，我相信它是真实的、可靠的、完整的。 声明人签字：		

以下由税务机关填写：

收到日期：　　　　　　　　　接收人：　　　　　　　　　主管税务机关盖章：

实验七

福斯特会计沙盘模拟实训

任务一 会计沙盘系统简介

福斯特会计沙盘系统（以下简称会计沙盘或会计沙盘系统）是广州市福思特科技有限公司与深圳职业技术学院联合研发的会计分岗位综合实训教学平台。该实训平台适合企业会计实际运作流程，同时结合了最新的会计制度。

福斯特会计沙盘系统为学生（参赛者）提供了一个交互式、合作协调式的虚拟教学、实训与竞赛场景。竞赛时，由学生扮演不同的会计岗位人员，根据会计岗位的权限划分工作内容，以会计工作内容为载体，将会计理论知识和实践相结合，实现学做一体化，并通过情景展现、模拟操作、项目对抗等活动，帮助学生掌握会计职业技能。

该系统通过会计手工模拟仿真演练与竞赛，增强学生对会计的感性认识，加强学生对会计理论、会计法规和准则、会计核算规程和方法的理解，培养学生分析问题、解决问题和动手操作的能力。

该系统分为竞赛对抗与练习两个层面。练习层面提供了详细的在线帮助，在退出系统时提供完整的答案；竞赛对抗层面主要是用于竞赛，不再提供任何答案，检测学生对知识的掌握程度，系统根据正确率与花费的时间进行自动评判。

在实训方面，学生可以多人协作，完成从原始凭证填制到报表编制全过程的会计实务操作，提高其动手能力和实际业务操作能力。

在会计知识方面，该系统根据国家最新会计制度及准则来设计实训案例，让学生进行会计实务学习，而且覆盖的知识面广，涉及行业种类较多。

一、系统特点

1. 实操性强

学生通过平台的实训，即可熟悉、掌握各个岗位的实际工作流程。

2. 分岗实训

学生可以分组分岗，进行岗位实训。

3. 教学辅助

除了提供丰富的在线帮助外，在退出系统时，系统会提供完整的答案。

4. 仿真性强

（1）实训内容的仿真：系统将企业实际业务提供给学生。
（2）业务原始单据的仿真：所有原始单据都是按照实际单据模型制作的。
（3）业务流程的仿真：系统可以根据实际业务流程分配岗位。

5. 良好的拓展性

教师可以把符合自己需求的业务随意扩展到实训教学平台。

6. 提供在线交流功能

二、具体内容

1. 建账

按指定的账页建账，包括部分日记账、明细账和总账。

2. 填制会计凭证

根据经济业务，填制原始凭证和通用记账凭证。月末，编制科目汇总表。

3. 登记账簿

包括登账、对账、结账。

4. 编制会计报表

包括编制资产负债表、利润表。

三、经济业务范围

1. 货币资金

库存现金、银行存款、其他货币资金。

2. 应收款项

应收票据、应收账款、预付账款及其他应收款、应收款项减值。

3. 存货（实际成本计价）

原材料、周转材料、委托加工物资、存货清查。

4. 固定资产

固定资产增加、固定资产减少、固定资产折旧、固定资产清查。

5. 流动负债

短期借款、应付账款、应付票据、预收账款、其他应付款、应付职工薪酬、应交税费。

6. 费用和成本

要素费用（材料费用）、制造费用、完工产品与在产品成本分配、产品成本核算品种法。

7. 所有者权益

实收资本、资本公积、盈余公积和未分配利润。

8. 收入、利润和利润分配

销售商品收入、销售材料收入、让渡资产使用权收入、期间费用、营业利润、营业外收支、所得税费用、利润分配。

9. 财务报表

资产负债表的编制、利润表的编制。

任务二　模拟竞赛

一、单项技能竞赛

打开福斯特会计沙盘系统，在登录窗口中输入学生账号和密码，即可登录会计沙盘系统，进入会计实训基地，如图7-1所示。

图7-1　会计实训基地

1. 办公区

点击①图7-1所示的"办公区"按钮,即可进入办公区页面,如图7-2所示。

图7-2 办公区

用户可以在图7-2中点击财务部下的箭头进入实训界面,如图7-3所示。

图7-3 财务部

在财务部办公区中,点击资料柜上的"技能要求",如图7-4所示,可以查看单项技能

---

① 点击在图中都简称为点。

竞赛的岗位技能要点说明。

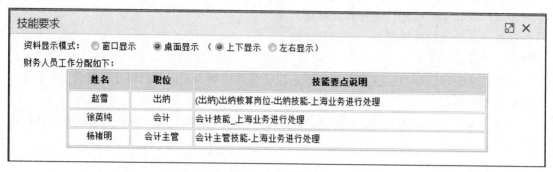

图 7-4 技能要求

2. 选择岗位

在办公区点击桌子上面的牌子，对号入座，进入单项技能竞赛工作区，如图 7-5 所示，点击办公区的门，返回到会计沙盘登录界面。

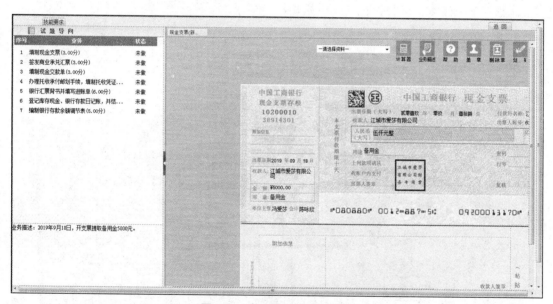

图 7-5 单项技能竞赛工作区

3. 单项技能竞赛

进入单项技能竞赛工作区，选择业务，根据业务进行单据填制工作，填制完毕后保存。

1）状态说明

（1）如果尚未进入业务，查看业务内容，则状态显示为"未做"。

（2）如果进入业务，查看或填写业务内容，点击凭证"保存"，则状态显示为"已做"。

（3）一笔业务中往往包含多张凭证，如果只填写了其中一部分凭证，则状态显示为"未做完"。

2）岗位技能说明

（1）出纳。

业务：库存现金核算、银行存款核算。

业务任务：填制原始凭证、登记日记账。

（2）会计。

业务：总账会计核算、往来业务核算、存货业务核算、无形资产核算、负债业务核算、所有者权益业务核算。

业务任务：填制原始凭证、记账凭证，登记三栏式明细账、数量金额式明细账、多栏式明细账。

（3）会计主管。

业务：损益业务核算、编制报表。

业务任务：登记科目汇总表、总账，编制报表。

点击"返回"，返回会计沙盘岗位选择界面。

二、分岗协作竞赛

流程：学生登录→选择岗位→分岗竞赛。

（一）学生登录

学生登录后，进入分岗协作办公区，如图7-6所示。

图7-6 分岗协作办公区

（1）在分岗协作办公区，点击资料柜上的"制度说明"，可以查看分岗协作竞赛模拟企业的财务制度，如图7-7所示。

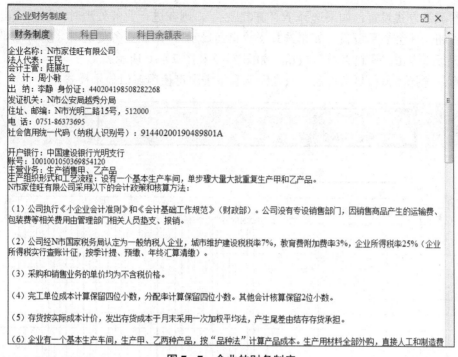

图7-7 企业的财务制度

（2）点击分岗协作办公区的"职务说明"（告诉用户当前操作员），可以查看分岗协作竞赛的业务操作流程和岗位流程，如图7-8所示。

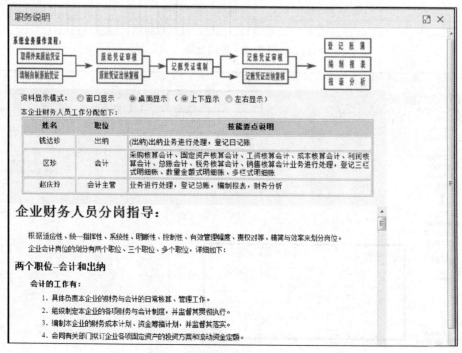

图7-8 职务说明

资料显示方式设置：如果选择了"窗口显示"，则在进行业务处理时，需要点击"资料查看"按钮，才会显示资料。如果选择了"桌面显示"，则在业务处理时，资料可罗列在桌面上，无须再点击"资料查看"按钮，如图7-9和图7-10所示。

注意：选择"窗口显示"后，只在账簿和报表中可使用窗口显示模式。

图7-9 窗口显示

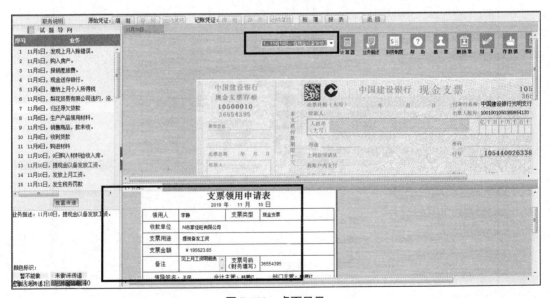

图7-10 桌面显示

（二）选择岗位

在分岗协作办公区，选择岗位，进入分岗竞赛工作区，如图7-11所示。

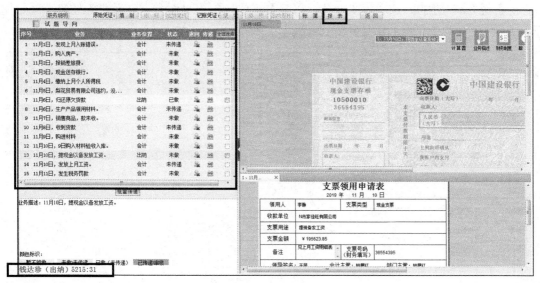

图7-11 分岗竞赛工作区

（三）分岗竞赛

进入分岗竞赛工作区（以下简称工作区），工作区功能介绍如下：

（1）"钱达珍（出纳）5215:31"：竞赛倒计时，方便学生把握竞赛时间，该文本块可以随意拖动。

（2）点击左侧的"试题导向"，可以查看所有岗位的业务任务，包括暂不能做的业务、未做\未传递的业务、已做（未传递）的业务和已传递\审核的业务，点击当前业务位置的业务，可查看相应业务内容。

注意："试题导向"可显示所有岗位业务的任务列表，但每个岗位只可查看进入竞赛界面时所选择岗位的业务，点击其他岗位业务没有反应。

点击工作区的"返回"，可以退出工作区界面，回到会计沙盘岗位选择界面。

（四）试题导向中的业务类型处理流程

1. 出纳填制收支业务的原始凭证业务处理流程

流程：出纳选择业务→出纳填制收支业务的原始凭证、保存→传递→会计主管审核原始凭证→传递（退回）→会计填制记账凭证、保存→传递→会计主管审核记账凭证→传递（退回）→登账→会计主管编制报表。

注意：如没有特殊说明，"退回"表示业务存在问题或者错误，需要退回；"传递"表示业务正确无误，可以传递到下一岗位。

操作步骤:
1) 出纳选择业务

选择出纳岗位,进入分岗协作操作界面后,查看工作区试题导向的任务列表,根据当前所在业务位置(出纳),选中收支业务,以开具支票为例,界面上方显示业务任务(原始凭证:填制),此时选中的业务文字显示为蓝色字体,如图7-12所示。

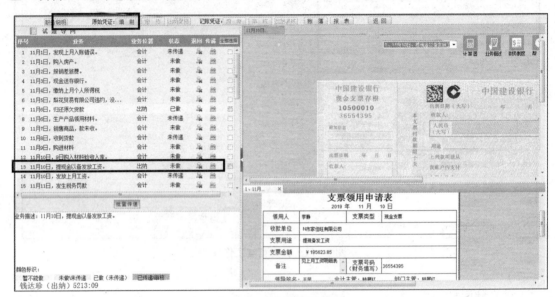

图7-12 出纳选择业务

点击中间的"■"按钮,可暂时隐藏业务状态栏,将工作界面放至最大,之后再点击"■"按钮,恢复业务状态栏。

2) 出纳填制收支业务的原始凭证、保存

以填制支票为例,如图7-13所示。

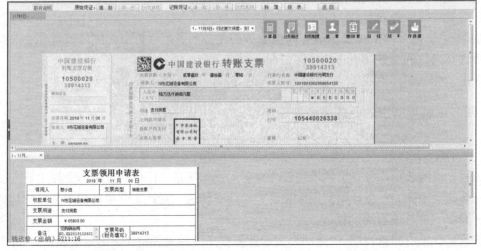

图7-13 填制支票

有关图标功能介绍如下:

① "-请选择资料- ▼":点击此图标中的下拉菜单,查看并填写选中凭证的相关单据,点击资料上方的"关闭"按钮,关闭业务查看,如图7-14所示。

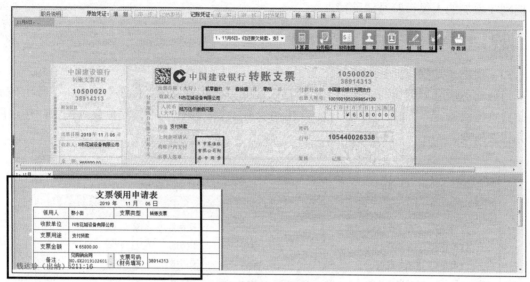

图7-14 资料查看

② " ":点击此图标后,弹出计算器,用户可以根据需要用计算器来计算要填写的数据,点击计算器右上角的"关闭"按钮,关闭计算器。

③ " ":点击此图标后,弹出本笔业务处理的描述,点击右上角的"关闭"按钮,关闭业务描述。

④ " ":点击此图标后,显示财务制度说明,点击右上角的"关闭"按钮,关闭财务制度窗口。

⑤ " ":此图标表示在单据上盖章,点击此图标后,弹出盖章页面,选择企业、章类型后,显示章,选择一个章(用鼠标左键移到图片上进行单选),选中的章边框变成黄色,在选中章后,点击"盖章"按钮,此时选中的章会跟随鼠标,将鼠标移到要盖章的位置,再点击鼠标左键,章就会盖在指定位置。如果需要移动章的位置,先选择要移动的章,用鼠标拖拉到指定位置即可。

⑥ " ":此图标表示删除一个已盖在界面上的章,首先选中要删除的章,再点击此图标即可。

· 115 ·

⑦ "划线"[①]：点击该图标，可以在支票左上方添加双斜线，再点击该图标，会把刚才添加的双斜线清除掉。

⑧ "划￥"：点击该图标，可以在指定输入数字的前面添加人民币符号，再点击该图标，会把刚才添加的人民币符号清除掉。

⑨ "存数据"：点击此图标后，保存数据。

3) 出纳传递收支业务的原始凭证

当前业务所有单据填写完整后，即可选中此业务，然后点击"传递"按钮，在弹出提示页面后点击"确定"，如图 7-15 所示，传递当前业务，则此业务传递至会计主管，传递后业务状态改变，如图 7-16 所示。

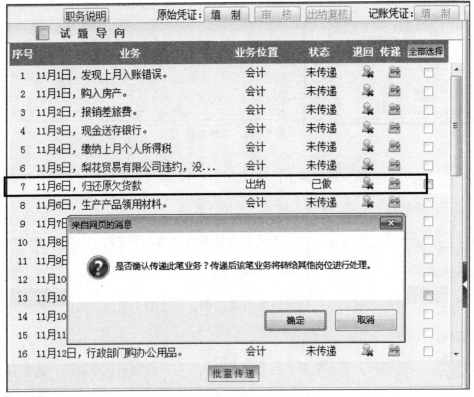

图 7-15 出纳传递原始凭证

如果需要批量传递，请在图 7-15 中选中需要传递的业务，然后点击"批量传递"按钮，执行批量传递操作。在选择业务的时候，有一个"全部选择"按钮，点击此按钮，能够全部选中业务列表中的业务。如果想取消全部选择的业务，点击"全部清除"按钮，能够全部取消所选业务。

---

① 划同画。

图 7-16　业务转变状态

4）会计主管审核原始凭证

当出纳将支付业务原始凭证填制完毕进行传递后，会计主管选择出纳传递的业务，界面上方显示业务任务（原始凭证：审核），如图 7-17 所示。

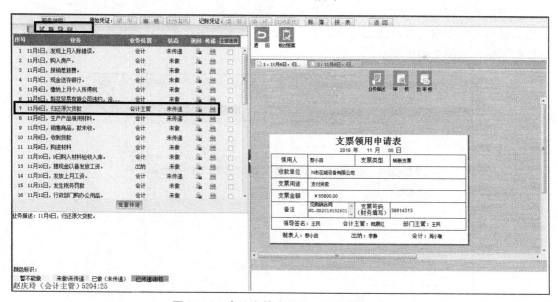

图 7-17　会计主管选择原始凭证审核业务

选择业务后，进行原始凭证审核工作，如图 7-18 所示。

有关图标功能介绍如下：

①"[图标]"：点击此图标后，会显示工具条上各个按钮的操作说明。

②"[图标]"：此图标用来表示审核正确的原始凭证，在该笔业务传递后，审核通过的原始凭证可作为该笔业务记账凭证的资料进行查看，未通过的原始凭证不会在资料中显示出来。点击该图标，即可完成审核，已经审核过的凭证不能再次审核，审核后会打上审核标记。

③ "反审核": 已经审核过的原始凭证如果需要取消审核，则点击该图标，即可取消审核。

图 7-18　会计主管审核原始凭证

5) 会计主管传递（退回）原始凭证

当原始凭证审核后，会计主管就可以点击选中已审核后的业务，点击"传递"按钮，在弹出的提示页面中输入审核意见后，点击"确定"，传递当前业务，以传递给会计进行记账凭证填制工作，如图 7-19 所示。

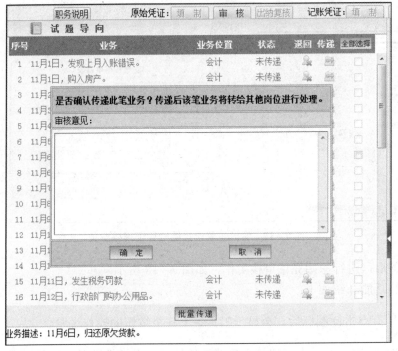

图 7-19　传递已审核原始凭证

当某笔原始凭证审核不通过时，就可以再点击选中该业务，然后点击"退回"按钮，在弹出的提示页面中输入退回意见，点击"确定"，退回当前业务。

6) 会计填制记账凭证、保存

当会计主管将原始凭证审核完毕进行传递后，会计选择记账凭证填制业务，界面上方显示业务任务（记账凭证：填制），如图 7-20 所示。

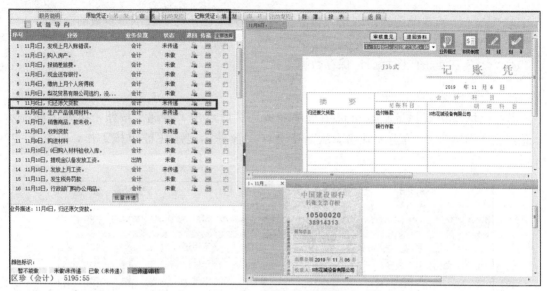

图 7-20　会计选择记账凭证填制业务

选择业务后，进行记账凭证填制工作，填制完后保存，如图 7-21 所示。

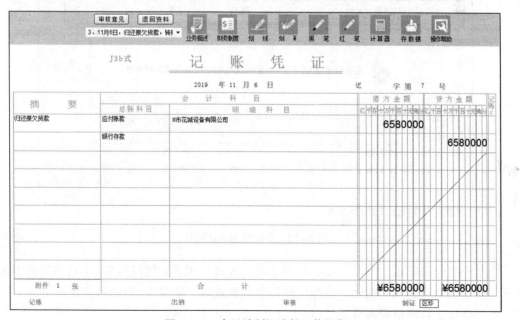

图 7-21　会计填制记账凭证并保存

有关图标功能介绍如下：

① "![划线]"：点击此图标，会在记账凭证需要划线的地方自动划线，再点击此图标，会

把刚才划的线清除掉。

② "![黑笔图标]"：点击此图标，则录入金额时的字体为黑色，这里表示是正数的金额。

③ "![红笔图标]"：点击此图标，则录入金额时的字体为红色，这里表示是负数的金额。

④ "![存数据图标]"：点击此图标后，保存数据。

7) 会计传递记账凭证

当会计填写记账凭证后，可选中该笔业务，然后点击"传递"按钮，在弹出的提示页面点击"确定"，传递当前业务，从而让会计主管进行记账凭证审核工作，如图 7-22 所示。

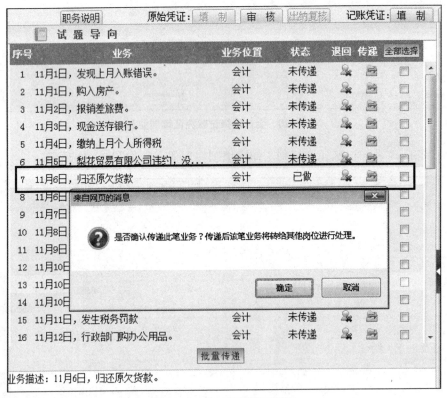

图 7-22　会计传递记账凭证

当某一笔记账凭证上一环节提供的原始凭证有错误或者无资料提供时，可点击选中某笔业务，然后点击"退回"按钮，在弹出的提示页面点击"确定"，退回当前业务。

8) 会计主管审核记账凭证

当会计将记账凭证填制完毕并传递后，会计主管选择会计传递的业务，界面上方显示业务任务（记账凭证：审核），如图 7-23 所示。

实验七 福斯特会计沙盘模拟实训

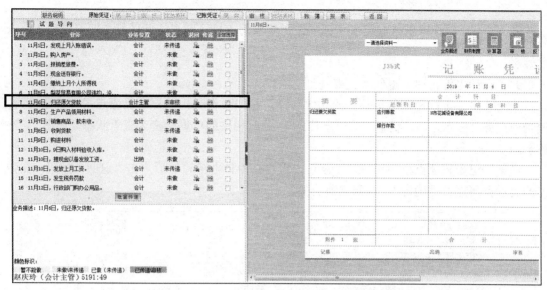

图 7-23 会计主管选择记账凭证审核业务

选择业务后，进行记账凭证审核工作，如图 7-24 所示。

图 7-24 会计主管审核记账凭证

有关图标功能介绍如下：

① "审核"：此图标用来审核记账凭证。点击此图标，即可完成审核，已经审核过的记账凭证会签上审核人的姓名。

②"![反审核]":已经审核过的记账凭证如果需要取消审核,则点击此图标,即可取消审核人的姓名。

9)会计主管传递(退回)记账凭证

当会计主管审核记账凭证后,点击"传递"按钮,在弹出的提示页面点击"确定",传递当前业务,传递之后,状态变为"已传递",此时相关的单据转变为查看状态,如图7-25所示。

当某笔记账凭证审核不通过时,就可以点击选中该业务,然后点击"退回"按钮,在弹出的提示页面点击"确定",退回当前业务。

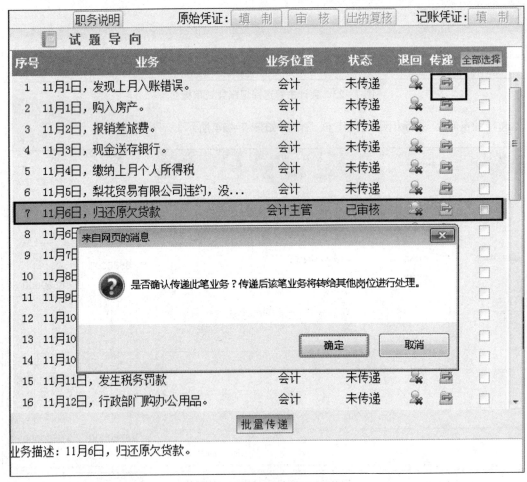

图7-25 会计主管传递记账凭证

10)登记账簿

出纳:登记日记账。

会计:登记三栏式明细账、数量金额式明细账、多栏式明细账。

会计主管:登记科目汇总表、总账。

下面以出纳登记日记账为例:

（1）出纳选择登记现金日记账。

用光标键选中工作区上方的"账簿"，点击进入账簿列表，如图 7-26 所示，在账簿列表中选中现金日记账进行登账。

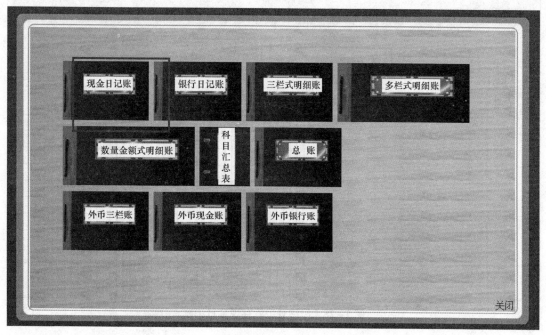

图 7-26　账簿

（2）浏览账簿。

只有有浏览权限的学生才可以浏览日记账、总账、明细账（三栏式、多栏账、数量金额式），如图 7-27 所示。

图 7-27　浏览账簿

（3）登记账簿、存数据、退出。

下面以出纳登记库存现金日记账为例，如图 7-28 所示。

图 7-28 出纳登记库存现金日记账

有关图标功能介绍如下：

① "划线"：点击此图标，出现线型选择框 "红单线/红双线/黑单线/黑双线/清除划线"，根据账簿需要，点击相应线类型，在账簿需要划线的地方自动划线，再点击"清除划线"，会把刚才划的线清除掉。

② "核对"：点击此图标，会在账簿"核对号"栏指定的位置打上"√"，再点击该图标，会把刚才打的"√"清除掉。

③ "黑笔"：点击此图标，则录入金额时的字体为黑色，这里表示是正数的金额。

④ "红笔"：点击此图标，则录入金额时的字体为红色，这里表示是负数的金额。

摘要选择：点击某一行时，会弹出摘要选择列表，双击某行，即选中该摘要。

注意：查看账簿时，必须由相应的岗位人员先建账，其他岗位人员才可查看。

登账时，不是所有的账目都必须登账，但是如图 7-28 所示的"库存现金日记账"账目必须登账。

11）会计主管编制报表

（1）会计主管选择需要编制的报表。

用光标键选中工作区上方的"报表"，点击进入报表列表，如图 7-29 所示，在报表列表中选中某一报表进行编制。

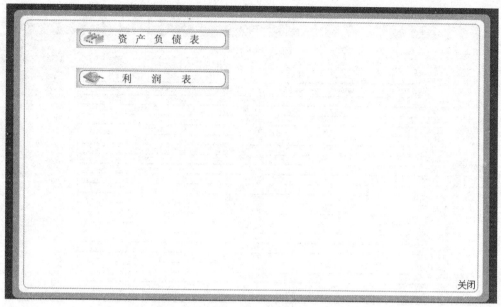

图 7-29 报表

（2）浏览报表。

只有有浏览权限的学生才可以浏览资产负债表、利润表，如图 7-30 所示。

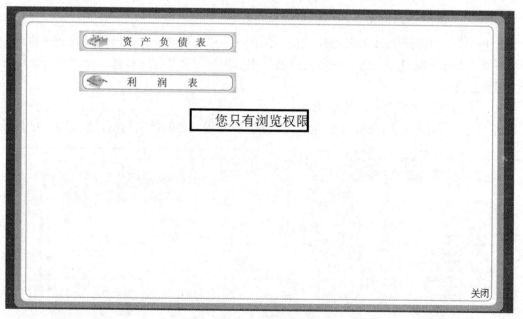

图 7-30 浏览报表

（3）编制报表、存数据、退出。

当会计主管进入后，就可以编制报表，图 7-31 为编制资产负债表。

资产负债表

会小企 01表

____年__月__日

企业名称：

单位：元

资产	期末余额	年初余额	负债和股东权益	期末余额	年初余额
流动资产：			流动负债：		
货币资金	976587.18		短期借款		
短期投资	0.00		应付票据	0.00	
应收票据	0.00		应付账款	71143.95	
应收账款			预收账款	0.00	
预付账款	0.00		应付职工薪酬	195623.85	
应收股利	0.00		应交税费	16444.59	
应收利息	0.00		应付利息	0.00	
其他应收款	0.00		应付利润	0.00	
存货			其他应付款	0.00	
其中：原材料	11888.50		其他流动负债		
在产品	0.00		流动负债合计		
库存商品	327157.90		非流动负债：		
周转材料	0.00		长期借款	0.00	
其他流动资产			长期应付款	0.00	
流动资产合计			递延收益	0.00	
非流动资产			其他非流动负债		
长期债权投资	0.00		非流动负债合计	0.00	
长期股权投资	0.00		负债合计		
固定资产原值	1825800.00				
减：累计折旧	368303.08				

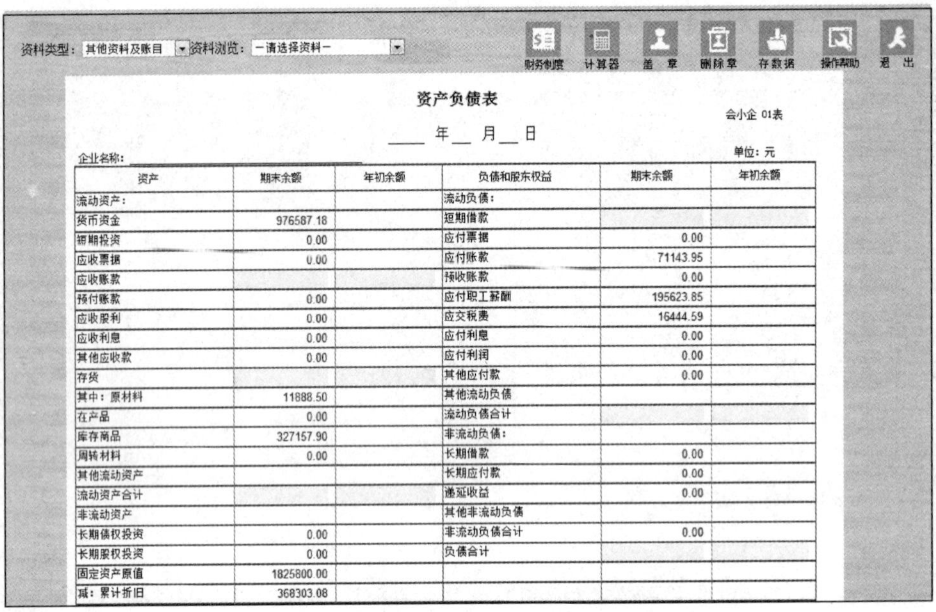

图 7-31 编制资产负债表

编制资产负债表的时候可以查看总账、三栏式明细账、外币三栏式明细账、外币日记账、其他资料及账目。

2. 会计填制非收支业务原始凭证业务处理流程

流程：会计填制非收支业务原始凭证、保存→传递→会计主管审核原始凭证→传递（退回）→会计填制记账凭证、保存→传递→会计主管审核记账凭证→传递（退回）→登账→会计主管编制报表。

1） 会计填制非收支业务原始凭证

说明：多联次原始凭证填制及传递，以增值税专用发票的填制为例，如图 7-32 所示。

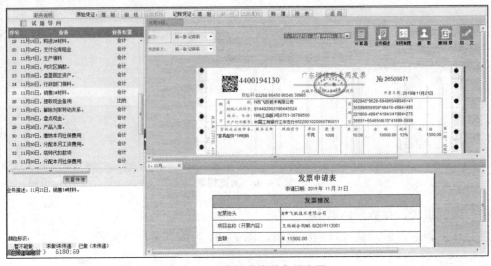

图 7-32 填制增值税专用发票

有关图标功能介绍如下:

① "盖章":如果需要在其他的联次盖章,就先在联次下拉列表中选中该联次,然后再执行盖章操作。

② "联次: 第一联记账联 ▼":此图标表示填写时,只能在第一联次;盖章可以在任意的联次,可以点击联次后面的"▼"按钮,查看其他联次。

③ "传递联次: 第一联记账联 ▼":此图标表示可以点击传递联次后面的"▼"按钮,确定需要传递到下一环节的联次。

2) 会计传递原始凭证(图 7-33)

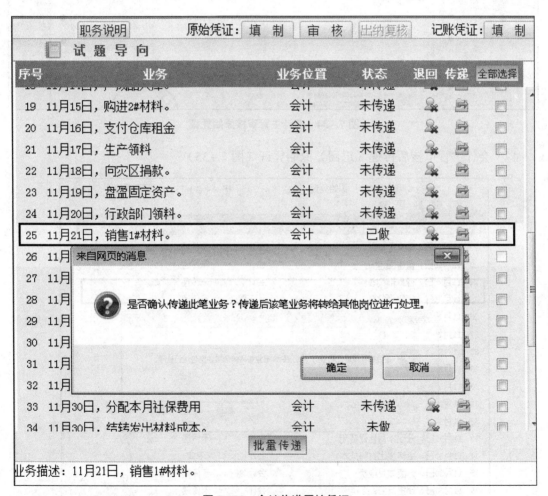

图 7-33 会计传递原始凭证

3) 会计主管审核原始凭证（图7-34）

图7-34 会计主管审核原始凭证

4) 会计主管审核后传递（退回）原始凭证（图7-35）

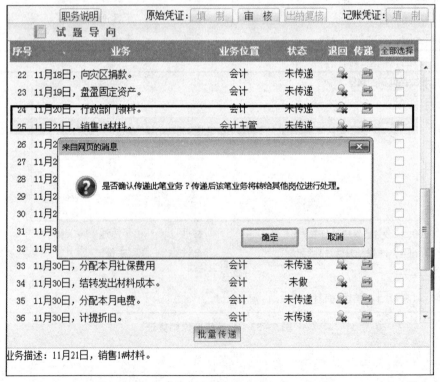

图7-35 会计主管审核后传递（退回）原始凭证

5) 会计填制记账凭证（图7-36）

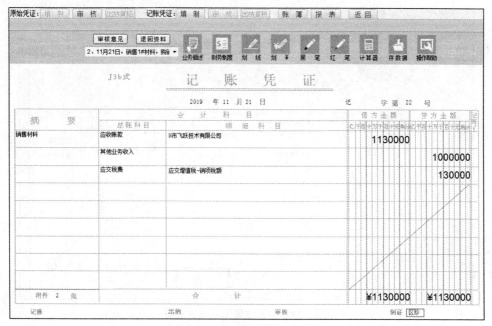

图7-36　会计填制记账凭证

6) 会计传递记账凭证（图7-37）

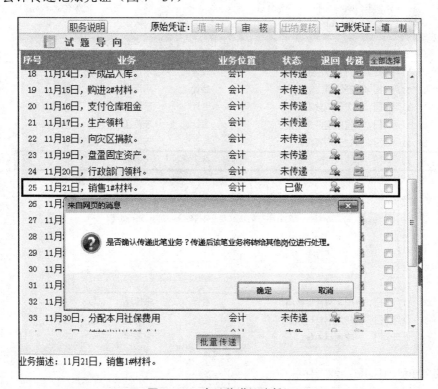

图7-37　会计传递记账凭证

7) 会计主管审核记账凭证（图7-38）

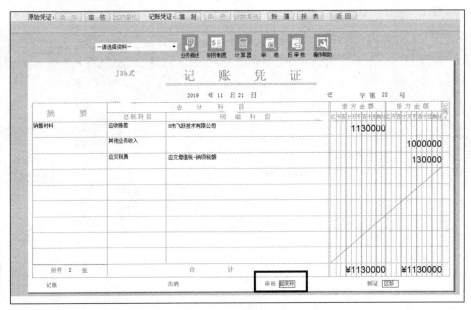

图7-38 会计主管审核记账凭证

8) 会计主管审核后传递（退回）记账凭证（图7-39）

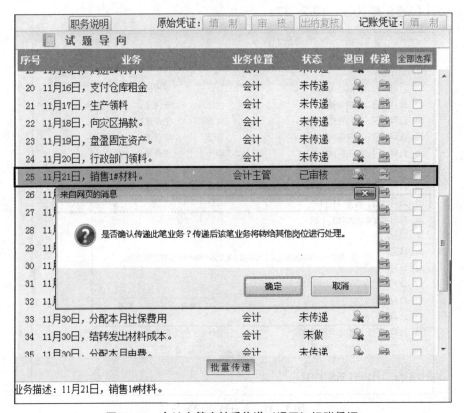

图7-39 会计主管审核后传递（退回）记账凭证

9) 登账

10) 会计主管编制报表

3. 外来原始凭证编制记账凭证业务处理流程

流程：会计审核外来原始凭证→会计填制记账凭证、保存→传递→会计主管审核记账凭证→传递（退回）→登账→会计主管编制报表。

1) 会计审核外来原始凭证（图7-40）

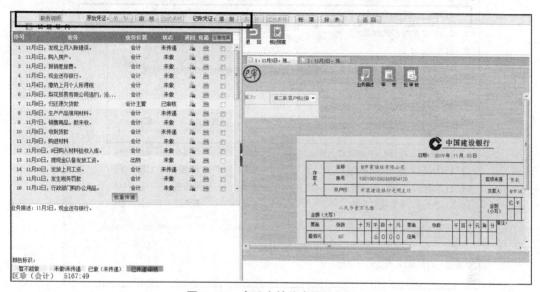

图7-40　会计审核外来原始凭证

2) 会计填制记账凭证（图7-41）

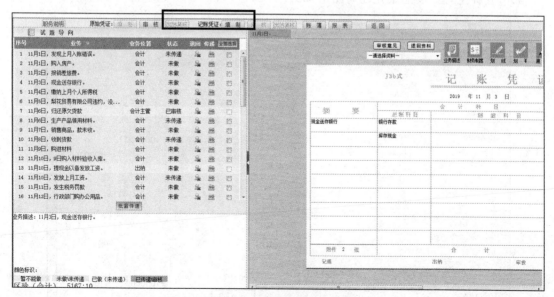

图7-41　会计填制记账凭证

3) 会计传递记账凭证（图7-42）

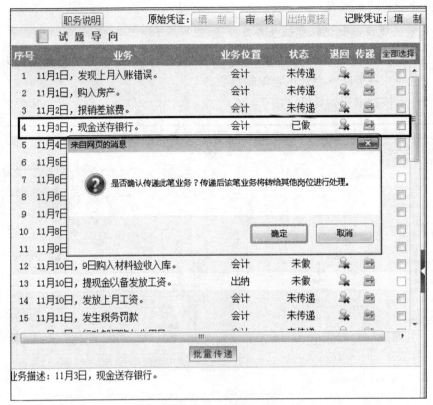

图7-42　会计传递记账凭证

4) 会计主管审核记账凭证（图7-43）

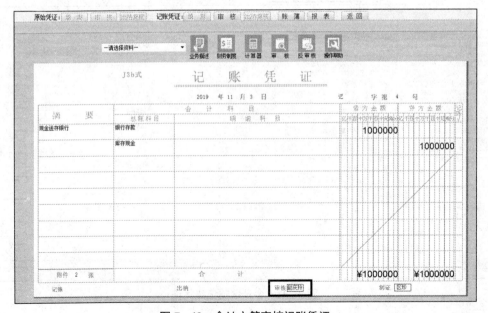

图7-43　会计主管审核记账凭证

5) 会计主管审核后传递（退回）记账凭证（图7-44）

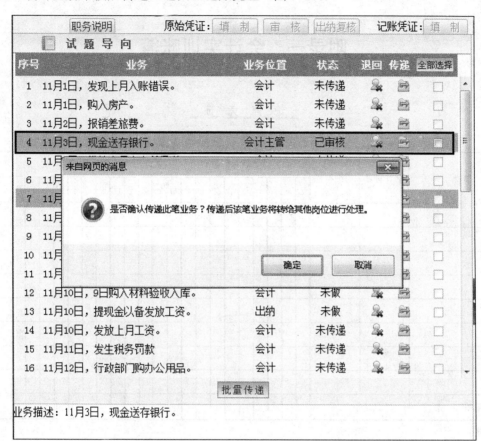

图7-44 会计主管审核后传递（退回）记账凭证

6) 登账
7) 会计主管编制报表

4. 其他业务类型处理流程：银行存款调节表等

流程：出纳（会计）填制银行存款调节表、保存→传递→会计主管审核银行存款调节表→传递（退回）。

具体流程略。

附录一 会计实训账簿

记 账 凭 证

日期： 年 月 日　　　　　　　　　　　　　　　　第_____号

摘要	会计科目	明细科目	借方金额												贷方金额												记账
			亿	千	百	十	万	千	百	十	元	角	分	亿	千	百	十	万	千	百	十	元	角	分	√
附单据　张		合计																							

复核：　　　　　　　　记账：　　　　　　　　出纳：　　　　　　　　制单：

记 账 凭 证

日期： 年 月 日　　　　　　　　　　　　　　　　第_____号

摘要	会计科目	明细科目	借方金额												贷方金额												记账
			亿	千	百	十	万	千	百	十	元	角	分	亿	千	百	十	万	千	百	十	元	角	分	√
附单据　张		合计																							

复核：　　　　　　　　记账：　　　　　　　　出纳：　　　　　　　　制单：

附录一　会计实训账簿

记 账 凭 证

日期：　　年　　月　　日　　　　　　　　　　　　第_____号

摘要	会计科目	明细科目	借方金额											贷方金额											记账
			亿	千	百	十	万	千	百	十	元	角	分	亿	千	百	十	万	千	百	十	元	角	分	√
附单据　　张		合计																							

复核：　　　　　　　　　　记账：　　　　　　　　　　出纳：　　　　　　　　　　制单：

记 账 凭 证

日期：　　年　　月　　日　　　　　　　　　　　　第_____号

摘要	会计科目	明细科目	借方金额											贷方金额											记账
			亿	千	百	十	万	千	百	十	元	角	分	亿	千	百	十	万	千	百	十	元	角	分	√
附单据　　张		合计																							

复核：　　　　　　　　　　记账：　　　　　　　　　　出纳：　　　　　　　　　　制单：

记 账 凭 证

日期： 年 月 日　　　　　　　　　　　　　　　　　　　　　第_____号

摘要	会计科目	明细科目	借方金额										贷方金额										记账
			亿	千	百	十	万	千	百	十	元	角	分	亿	千	百	十	万	千	百	十	元	角	分	√
附单据 张	合计																							

复核：　　　　　　　　记账：　　　　　　　　出纳：　　　　　　　　制单：

记 账 凭 证

日期： 年 月 日　　　　　　　　　　　　　　　　　　　　　第_____号

摘要	会计科目	明细科目	借方金额										贷方金额										记账
			亿	千	百	十	万	千	百	十	元	角	分	亿	千	百	十	万	千	百	十	元	角	分	√
附单据 张	合计																							

复核：　　　　　　　　记账：　　　　　　　　出纳：　　　　　　　　制单：

附录一 会计实训账簿

记 账 凭 证

日期： 年 月 日　　　　　　　　　　　　　第_____号

摘要	会计科目	明细科目	借方金额											贷方金额											记账
			亿	千	百	十	万	千	百	十	元	角	分	亿	千	百	十	万	千	百	十	元	角	分	√
附单据　张		合计																							

复核：　　　　　　　记账：　　　　　　　出纳：　　　　　　　制单：

记 账 凭 证

日期： 年 月 日　　　　　　　　　　　　　第_____号

摘要	会计科目	明细科目	借方金额											贷方金额											记账
			亿	千	百	十	万	千	百	十	元	角	分	亿	千	百	十	万	千	百	十	元	角	分	√
附单据　张		合计																							

复核：　　　　　　　记账：　　　　　　　出纳：　　　　　　　制单：

记 账 凭 证

日期： 年 月 日 第_____号

摘要	会计科目	明细科目	借方金额											贷方金额											记账
			亿	千	百	十	万	千	百	十	元	角	分	亿	千	百	十	万	千	百	十	元	角	分	√
附单据 张	合计																								

复核： 记账： 出纳： 制单：

记 账 凭 证

日期： 年 月 日 第_____号

摘要	会计科目	明细科目	借方金额											贷方金额											记账
			亿	千	百	十	万	千	百	十	元	角	分	亿	千	百	十	万	千	百	十	元	角	分	√
附单据 张	合计																								

复核： 记账： 出纳： 制单：

附录一 会计实训账簿

记 账 凭 证

日期： 年 月 日　　　　　　　　　　　　　　　第_____号

摘要	会计科目	明细科目	借方金额											贷方金额											记账
			亿	千	百	十	万	千	百	十	元	角	分	亿	千	百	十	万	千	百	十	元	角	分	√
附单据　　张		合计																							

复核：　　　　　　　　记账：　　　　　　　　出纳：　　　　　　　　制单：

记 账 凭 证

日期： 年 月 日　　　　　　　　　　　　　　　第_____号

摘要	会计科目	明细科目	借方金额											贷方金额											记账
			亿	千	百	十	万	千	百	十	元	角	分	亿	千	百	十	万	千	百	十	元	角	分	√
附单据　　张		合计																							

复核：　　　　　　　　记账：　　　　　　　　出纳：　　　　　　　　制单：

记 账 凭 证

日期： 年 月 日   第_____号

摘要	会计科目	明细科目	借方金额											贷方金额											记账
			亿	千	百	十	万	千	百	十	元	角	分	亿	千	百	十	万	千	百	十	元	角	分	√
附单据 张	合计																								

复核：   记账：   出纳：   制单：

记 账 凭 证

日期： 年 月 日   第_____号

摘要	会计科目	明细科目	借方金额											贷方金额											记账
			亿	千	百	十	万	千	百	十	元	角	分	亿	千	百	十	万	千	百	十	元	角	分	√
附单据 张	合计																								

复核：   记账：   出纳：   制单：

附录一　会计实训账簿

记　账　凭　证

日期：　年　月　日　　　　　　　　　　　　　　　　　第_____号

摘要	会计科目	明细科目	借方金额										贷方金额										记账
			亿	千	百	十	万	千	百	十	元	角	分	亿	千	百	十	万	千	百	十	元	角	分	√
附单据　　张	合计																								

复核：　　　　　　　　记账：　　　　　　　　出纳：　　　　　　　　制单：

记　账　凭　证

日期：　年　月　日　　　　　　　　　　　　　　　　　第_____号

摘要	会计科目	明细科目	借方金额										贷方金额										记账
			亿	千	百	十	万	千	百	十	元	角	分	亿	千	百	十	万	千	百	十	元	角	分	√
附单据　　张	合计																								

复核：　　　　　　　　记账：　　　　　　　　出纳：　　　　　　　　制单：

记 账 凭 证

日期： 年 月 日 第_____号

摘要	会计科目	明细科目	借方金额											贷方金额											记账
			亿	千	百	十	万	千	百	十	元	角	分	亿	千	百	十	万	千	百	十	元	角	分	√
附单据 张		合计																							

复核： 记账： 出纳： 制单：

记 账 凭 证

日期： 年 月 日 第_____号

摘要	会计科目	明细科目	借方金额											贷方金额											记账
			亿	千	百	十	万	千	百	十	元	角	分	亿	千	百	十	万	千	百	十	元	角	分	√
附单据 张		合计																							

复核： 记账： 出纳： 制单：

附录一 会计实训账簿

记 账 凭 证

日期： 年 月 日　　　　　　　　　　　　　　　　　　　　第＿＿＿号

摘要	会计科目	明细科目	借方金额										贷方金额										记账
			亿	千	百	十	万	千	百	十	元	角	分	亿	千	百	十	万	千	百	十	元	角	分	√
附单据　张		合计																						

复核：　　　　　　　记账：　　　　　　　出纳：　　　　　　　制单：

记 账 凭 证

日期： 年 月 日　　　　　　　　　　　　　　　　　　　　第＿＿＿号

摘要	会计科目	明细科目	借方金额										贷方金额										记账
			亿	千	百	十	万	千	百	十	元	角	分	亿	千	百	十	万	千	百	十	元	角	分	√
附单据　张		合计																						

复核：　　　　　　　记账：　　　　　　　出纳：　　　　　　　制单：

记 账 凭 证

日期： 年 月 日　　　　　　　　　　　　　　　　　　　　　第_____号

摘要	会计科目	明细科目	借方金额											贷方金额											记账
			亿	千	百	十	万	千	百	十	元	角	分	亿	千	百	十	万	千	百	十	元	角	分	√
附单据　　张		合计																							

复核：　　　　　　　　记账：　　　　　　　　出纳：　　　　　　　　制单：

记 账 凭 证

日期： 年 月 日　　　　　　　　　　　　　　　　　　　　　第_____号

摘要	会计科目	明细科目	借方金额											贷方金额											记账
			亿	千	百	十	万	千	百	十	元	角	分	亿	千	百	十	万	千	百	十	元	角	分	√
附单据　　张		合计																							

复核：　　　　　　　　记账：　　　　　　　　出纳：　　　　　　　　制单：

附录一　会计实训账簿

记　账　凭　证

日期：　　年　月　日　　　　　　　　　　　　　　　　　第_____号

摘要	会计科目	明细科目	借方金额										贷方金额										记账
			亿	千	百	十	万	千	百	十	元	角	分	亿	千	百	十	万	千	百	十	元	角	分	√
附单据　　张		合计																						

复核：　　　　　　　　记账：　　　　　　　　出纳：　　　　　　　　制单：

记　账　凭　证

日期：　　年　月　日　　　　　　　　　　　　　　　　　第_____号

摘要	会计科目	明细科目	借方金额										贷方金额										记账
			亿	千	百	十	万	千	百	十	元	角	分	亿	千	百	十	万	千	百	十	元	角	分	√
附单据　　张		合计																						

复核：　　　　　　　　记账：　　　　　　　　出纳：　　　　　　　　制单：

记 账 凭 证

日期： 年 月 日　　　　　　　　　　　　　　　　　第＿＿＿号

摘要	会计科目	明细科目	借方金额											贷方金额											记账
			亿	千	百	十	万	千	百	十	元	角	分	亿	千	百	十	万	千	百	十	元	角	分	√
附单据　张	合计																								

复核：　　　　　　　记账：　　　　　　　出纳：　　　　　　　制单：

记 账 凭 证

日期： 年 月 日　　　　　　　　　　　　　　　　　第＿＿＿号

摘要	会计科目	明细科目	借方金额											贷方金额											记账
			亿	千	百	十	万	千	百	十	元	角	分	亿	千	百	十	万	千	百	十	元	角	分	√
附单据　张	合计																								

复核：　　　　　　　记账：　　　　　　　出纳：　　　　　　　制单：

附录一　会计实训账簿

记 账 凭 证

日期：　　年　月　日　　　　　　　　　　　　　　　　　　　　第_____号

摘要	会计科目	明细科目	借方金额										贷方金额										记账
			亿	千	百	十	万	千	百	十	元	角	分	亿	千	百	十	万	千	百	十	元	角	分	√
附单据　张	合计																							

复核：　　　　　　　记账：　　　　　　　出纳：　　　　　　　制单：

记 账 凭 证

日期：　　年　月　日　　　　　　　　　　　　　　　　　　　　第_____号

摘要	会计科目	明细科目	借方金额										贷方金额										记账
			亿	千	百	十	万	千	百	十	元	角	分	亿	千	百	十	万	千	百	十	元	角	分	√
附单据　张	合计																							

复核：　　　　　　　记账：　　　　　　　出纳：　　　　　　　制单：

记 账 凭 证

日期： 年 月 日 第_____号

摘要	会计科目	明细科目	借方金额										贷方金额										记账
			亿	千	百	十	万	千	百	十	元	角	分	亿	千	百	十	万	千	百	十	元	角	分	√
附单据 张		合计																						

复核： 记账： 出纳： 制单：

记 账 凭 证

日期： 年 月 日 第_____号

摘要	会计科目	明细科目	借方金额										贷方金额										记账
			亿	千	百	十	万	千	百	十	元	角	分	亿	千	百	十	万	千	百	十	元	角	分	√
附单据 张		合计																						

复核： 记账： 出纳： 制单：

附录一　会计实训账簿

记 账 凭 证

日期：　年　月　日　　　　　　　　　　　　　　　　第_____号

摘要	会计科目	明细科目	借方金额										贷方金额										记账
			亿	千	百	十	万	千	百	十	元	角	分	亿	千	百	十	万	千	百	十	元	角	分	√
附单据　张		合计																							

复核：　　　　　　　记账：　　　　　　　出纳：　　　　　　　　　　　制单：

记 账 凭 证

日期：　年　月　日　　　　　　　　　　　　　　　　第_____号

摘要	会计科目	明细科目	借方金额										贷方金额										记账
			亿	千	百	十	万	千	百	十	元	角	分	亿	千	百	十	万	千	百	十	元	角	分	√
附单据　张		合计																							

复核：　　　　　　　记账：　　　　　　　出纳：　　　　　　　　　　　制单：

记 账 凭 证

日期： 年 月 日　　　　　　　　　　　　　　　第_____号

摘要	会计科目	明细科目	借方金额 亿 千 百 十 万 千 百 十 元 角 分	贷方金额 亿 千 百 十 万 千 百 十 元 角 分	记账 √
附单据　　张	合计				

复核：　　　　　　　　记账：　　　　　　　　出纳：　　　　　　　　制单：

记 账 凭 证

日期： 年 月 日　　　　　　　　　　　　　　　第_____号

摘要	会计科目	明细科目	借方金额 亿 千 百 十 万 千 百 十 元 角 分	贷方金额 亿 千 百 十 万 千 百 十 元 角 分	记账 √
附单据　　张	合计				

复核：　　　　　　　　记账：　　　　　　　　出纳：　　　　　　　　制单：

附录一　会计实训账簿

记　账　凭　证

日期：　　年　　月　　日　　　　　　　　　　　　　　　　　　第_____号

摘要	会计科目	明细科目	借方金额											贷方金额											记账
			亿	千	百	十	万	千	百	十	元	角	分	亿	千	百	十	万	千	百	十	元	角	分	√
附单据　　张		合计																							

复核：　　　　　　　　　记账：　　　　　　　　　出纳：　　　　　　　　　制单：

记　账　凭　证

日期：　　年　　月　　日　　　　　　　　　　　　　　　　　　第_____号

摘要	会计科目	明细科目	借方金额											贷方金额											记账
			亿	千	百	十	万	千	百	十	元	角	分	亿	千	百	十	万	千	百	十	元	角	分	√
附单据　　张		合计																							

复核：　　　　　　　　　记账：　　　　　　　　　出纳：　　　　　　　　　制单：

记 账 凭 证

日期： 年 月 日　　　　　　　　　　　　　　　　第_____号

摘要	会计科目	明细科目	借方金额										贷方金额										记账
			亿	千	百	十	万	千	百	十	元	角	分	亿	千	百	十	万	千	百	十	元	角	分	√
附单据　张		合计																						

复核：　　　　　　　　记账：　　　　　　　　出纳：　　　　　　　　制单：

记 账 凭 证

日期： 年 月 日　　　　　　　　　　　　　　　　第_____号

摘要	会计科目	明细科目	借方金额										贷方金额										记账
			亿	千	百	十	万	千	百	十	元	角	分	亿	千	百	十	万	千	百	十	元	角	分	√
附单据　张		合计																						

复核：　　　　　　　　记账：　　　　　　　　出纳：　　　　　　　　制单：

附录一 会计实训账簿

记 账 凭 证

日期： 年 月 日　　　　　　　　　　　　　　第_____号

摘要	会计科目	明细科目	借方金额											贷方金额											记账
			亿	千	百	十	万	千	百	十	元	角	分	亿	千	百	十	万	千	百	十	元	角	分	√
附单据　张		合计																							

复核：　　　　　　　　记账：　　　　　　　　出纳：　　　　　　　　制单：

记 账 凭 证

日期： 年 月 日　　　　　　　　　　　　　　第_____号

摘要	会计科目	明细科目	借方金额											贷方金额											记账
			亿	千	百	十	万	千	百	十	元	角	分	亿	千	百	十	万	千	百	十	元	角	分	√
附单据　张		合计																							

复核：　　　　　　　　记账：　　　　　　　　出纳：　　　　　　　　制单：

日记账账簿启用及交接表

单位名称					
账簿名称			印　　鉴		
账簿编号	（第　　册）				
账簿页数	本账簿共计　　页（本账簿页数检点人盖章）				
启用日期	公元　　年　　月　　日				
经管人员	负责人	姓名	盖章		
	主办会计	姓名	盖章	复核 姓名 盖章	记账 姓名 盖章
经管人员	职别	姓名	接管 年 月 日 盖章		交出 年 月 日 盖章
接交记录					
备注					

现金日记账

第　　页

20 年		凭证号数	摘要	对方科目	收入（借方）金额									√	付出（贷方）金额									√	结余金额									√
月	日				千	百	十	万	千	百	十	元	角	分		千	百	十	万	千	百	十	元	角	分		千	百	十	万	千	百	十	元	角	分	

日记账账簿启用及交接表

单位名称					
账簿名称	（第　　册）		印　鉴		
账簿编号					
账簿页数	页（本账簿页数检点人盖章）				
启用日期	公元　　年　　月　　日				
经管人员	负责人	姓名	盖章	主办会计 姓名	盖章
				复核 姓名	盖章
				记账 姓名	盖章
接交记录	职别	姓名	经管人员	接管 年 月 日	盖章
				交出 年 月 日	盖章
备 注					

银行存款日记账

账号 _____ 第 页
开户行 _____

20 年		凭证号数	支票号数	摘要 (外汇收支应说明 原币及汇率)	对方科目	收入（借方）金额											√	付出（贷方）金额												√	结余金额												√
月	日					亿	千	百	十	万	千	百	十	元	角	分		亿	千	百	十	万	千	百	十	元	角	分		亿	千	百	十	万	千	百	十	元	角	分	

明细账账簿启用及交接表

单位名称				
账簿名称			印鉴	
账簿编号	（第　　册）			
账簿页数	页（　　本账簿页数检点人盖章）			
启用日期	公元　　年　　月　　日			
负责人	姓名	盖章	主办会计 姓名	盖章
经管人员	职别	姓名	经管 年 月 日	复核 姓名 盖章
				记账 姓名 盖章
接交记录			接管 年 月 日 盖章	交出 年 月 日 盖章
备注				

目　录

编号	科　目	起讫页码

编号	科　目	起讫页码

明细账

总第 _____ 页 第 _____ 页

一级科目 _____
二级科目或明细科目 _____

年 20	凭证种类号数		摘要	借方金额										贷方金额										借或贷	余额									
月 日	种类	号数		十亿	千	百	十	万	千	百	十	元	角	分	十亿	千	百	十	万	千	百	十	元	角	分		十亿	千	百	十	万	千	百	十	元	角	分

明细账

总第_____页 分第_____页

一级科目_____
二级科目或明细科目_____

20 年	凭证		摘要	借方金额										贷方金额										借或贷	余额									
月 日	种类	号数		十亿	千	百	十	万	千	百	十	元	角	分	十亿	千	百	十	万	千	百	十	元	角	分		十亿	千	百	十	万	千	百	十	元	角	分

明细账

一级科目 _____ 总第 _____ 页
二级科目或明细科目 _____ 分第 _____ 页

20 年		凭证		摘要	借方金额										贷方金额										借或贷	余额									
月	日	种类	号数		十亿	千百	百十	十万	万千	千百	百十	十元	元角	角分	十亿	千百	百十	十万	万千	千百	百十	十元	元角	角分		十亿	千百	百十	十万	万千	千百	百十	十元	元角	角分

明细账

总第_____页 分第_____页

一级科目_____
二级科目或明细科目_____

20 年		凭证		摘要	借方金额										贷方金额										借或贷	余额									
月	日	种类	号数		十亿	千	百	十	万	千	百	十	元	角	分	十亿	千	百	十	万	千	百	十	元	角	分		十亿	千	百	十	万	千	百	十	元	角	分

明细账

总第　　　　页
一级科目　　　　
二级科目或明细科目　　　　分第　　　　页

20　年	凭证		摘要	借方金额										贷方金额										借或贷	余额									
月 日	种类	号数		十亿	千	百	十	万	千	百	十	元	角	分	十亿	千	百	十	万	千	百	十	元	角	分		十亿	千	百	十	万	千	百	十	元	角	分

明细账

总第_____页　　　　分第_____页

一级科目_____

二级科目或明细科目_____

年	凭证		摘要	借方金额										贷方金额										借或贷	余额									
20 月 日	种类	号数		十亿	千	百	十	万	千	百	十	元	角	分	十亿	千	百	十	万	千	百	十	元	角	分		十亿	千	百	十	万	千	百	十	元	角	分

明细账

总第_____页 分第_____页

一级科目_____
二级科目或明细科目_____

20　年		凭证		摘要	借方金额										贷方金额										借或贷	余额									
月	日	种类	号数		十亿	亿	千	百	十	万	千	百	十	元	角	分	十亿	亿	千	百	十	万	千	百	十	元	角	分		十亿	亿	千	百	十	万	千	百	十	元	角	分

明细账

总第_____页 分第_____页

一级科目_____
二级科目或明细科目_____

20 年	凭证		摘要	借方金额										贷方金额										借或贷	余额									
月	种类	号数		十亿	千	百	十	万	千	百	十	元	角	分	十亿	千	百	十	万	千	百	十	元	角	分		十亿	千	百	十	万	千	百	十	元	角	分
日																																					

明细账

总第 _____ 页 分第 _____ 页

一级科目 _____
二级科目或明细科目 _____

20 年		凭证		摘要	借方金额										贷方金额										借或贷	余额									
月	日	种类	号数		十亿	千	百	十	万	千	百	十	元	角	分	十亿	千	百	十	万	千	百	十	元	角	分		十亿	千	百	十	万	千	百	十	元	角	分

明细账

总第_____页 分第_____页

一级科目_____
二级科目或明细科目_____

20__年		凭证		摘要	借方金额										借或贷	贷方金额										借或贷	余额										
月	日	种类	号数		十亿	千	百	十	万	千	百	十	元	角	分	√	十亿	千	百	十	万	千	百	十	元	角	分	√	十亿	千	百	十	万	千	百	十	元	角	分	√

明细账

总第＿＿＿页　分第＿＿＿页
一级科目＿＿＿
二级科目或明细科目＿＿＿

20　年		凭证		摘要	借方金额										贷方金额										借或贷	余额									
月	日	种类	号数		十亿	千	百	十	万	千	百	十	元	角	分	十亿	千	百	十	万	千	百	十	元	角	分		十亿	千	百	十	万	千	百	十	元	角	分

明细账

总第_____页 分第_____页

一级科目 _____
二级科目或明细科目 _____

20 年		凭证		摘要	借方金额											贷方金额											借或贷	余额										
月	日	种类	号数		十亿	千	百	十	万	千	百	十	元	角	分	十亿	千	百	十	万	千	百	十	元	角	分		十亿	千	百	十	万	千	百	十	元	角	分

明细账

总第 _____ 页
分第 _____ 页

科目 _____
一级 _____
二级科目或明细科目 _____

年 20	凭证		摘要	借方金额										贷方金额										借或贷	余额									
月 日	种类	号数		十亿	千	百	十	万	千	百	十	元	角	分	十亿	千	百	十	万	千	百	十	元	角	分		十亿	千	百	十	万	千	百	十	元	角	分

明细账

总第　　　页　　分第　　　页

一级科目　　　　　
二级科目或明细科目　　　　　

20　年		凭证		摘要	借方金额										贷方金额										借或贷	余额										√
月	日	种类	号数		十亿	千	百	十	万	千	百	十	元	角	分	十亿	千	百	十	万	千	百	十	元	角	分		十亿	千	百	十	万	千	百	十	元	角	分	

明细账

总第 _____ 页 分第 _____ 页

一级科目 _____
二级科目或明细科目 _____

20 年	凭证		摘要	借方金额										贷方金额										借或贷	余额									
月 日	种类	号数		十亿	千	百	十	万	千	百	十	元	角	分	十亿	千	百	十	万	千	百	十	元	角	分		十亿	千	百	十	万	千	百	十	元	角	分

明细账

总第_____页　　　分第_____页

一级科目_____

二级科目或明细科目_____

20　年		凭证		摘要	借方金额										贷方金额										借或贷	余额									
月	日	种类	号数		十亿	亿	千	百	十	万	千	百	十	元	角	分	√	十亿	亿	千	百	十	万	千	百	十	元	角	分	√	十亿	亿	千	百	十	万	千	百	十	元	角	分	√

明细账

总第 _____ 页 分第 _____ 页

一级科目 _____
二级科目或明细科目 _____

20 年		凭证		摘要	借方金额										贷方金额										借或贷	余额										
月	日	种类	号数		十亿	千	百	十	万	千	百	十	元	角	分	十亿	千	百	十	万	千	百	十	元	角	分		十亿	千	百	十	万	千	百	十	元	角	分

明细账

总第_____页 分第_____页

一级科目_____
二级科目或明细科目_____

20 年	凭证		摘要	借方金额										贷方金额										借或贷	余额									
月 日	种类	号数		十亿	千	百	十	万	千	百	十	元	角	分	十亿	千	百	十	万	千	百	十	元	角	分		十亿	千	百	十	万	千	百	十	元	角	分

明细账

总账第____页 分第____页

一级科目 _____

二级科目或明细科目 _____

20　年	凭证		摘要	借方金额										贷方金额										借或贷	余额									
月	日	种类	号数		十亿	亿	千万	百万	十万	万	千	百	十	元	角	分	十亿	亿	千万	百万	十万	万	千	百	十	元	角	分		十亿	亿	千万	百万	十万	万	千	百	十	元	角	分

明细账

总第_____页 分第_____页

一级科目_____
二级科目或明细科目_____

20 年		凭证		摘要	借方金额										借或贷	贷方金额										√	余额										√
月	日	种类	号数		十亿	千	百	十	万	千	百	十	元	角	分		十亿	千	百	十	万	千	百	十	元	角	分		十亿	千	百	十	万	千	百	十	元	角	分	

明细账

总第 _____ 页 第 _____ 页
一级科目 _____
二级科目或明细科目 _____

20 年		凭证		摘要	借方金额											贷方金额											借或贷	余额											√
月	日	种类	号数		十亿	千	百	十	万	千	百	十	元	角	分	十亿	千	百	十	万	千	百	十	元	角	分		十亿	千	百	十	万	千	百	十	元	角	分

明 细 账

总第 _____ 页 分第 _____ 页

一级科目 _____
二级科目或明细科目 _____

20 年	凭证		摘要	借方金额										贷方金额										借或贷	余额									
月 日	种类	号数		十亿	千百	十万	千	百	十	元	角	分	√	十亿	千百	十万	千	百	十	元	角	分	√		十亿	千百	十万	千	百	十	元	角	分	√

明细账

总账第＿＿＿页　分第＿＿＿页
一级科目＿＿＿＿＿＿
二级科目或明细科目＿＿＿＿＿＿

20　年		凭证		摘要	借方金额										贷方金额										借或贷	余额									
月	日	种类	号数		十亿	亿	千	百	十	万	千	百	十	元	角	分	十亿	亿	千	百	十	万	千	百	十	元	角	分		十亿	亿	千	百	十	万	千	百	十	元	角	分

明细账

总第_____页　第_____页
一级科目_____
二级科目或明细科目_____

20　年	凭证		摘要	借方金额										贷方金额										借或贷	余额									
月	日	种类	号数		十亿	千	百	十	万	千	百	十	元	角	分	十亿	千	百	十	万	千	百	十	元	角	分		十亿	千	百	十	万	千	百	十	元	角	分

明细账

总第_____页 第_____分页

一级科目：_____
二级科目或明细科目：_____

20__年		凭证		摘要	借方金额										贷方金额										借或贷	余额									
月	日	种类	号数		十亿	千	百	十	万	千	百	十	元	角	分	十亿	千	百	十	万	千	百	十	元	角	分		十亿	千	百	十	万	千	百	十	元	角	分

明细账

总第_____页 分第_____页

一级科目_____
二级科目或明细科目_____

20 年	凭证		摘要	借方金额										贷方金额										借或贷	余额										√
月 日	种类	号数		十亿	千	百	十	万	千	百	十	元	角	分	十亿	千	百	十	万	千	百	十	元	角	分		十亿	千	百	十	万	千	百	十	元	角	分	

明细账

总第_____页 分第_____页

一级科目_____
二级科目或明细科目_____

20 年	凭证		摘要	借方金额										贷方金额										借或贷	余额										√
月	日	种类	号数		十亿	千	百	十	万	千	百	十	元	角	分	十亿	千	百	十	万	千	百	十	元	角	分		十亿	千	百	十	万	千	百	十	元	角	分

明细账

总第_____页 分第_____页

一级科目_____
二级科目或明细科目_____

20 年	凭证	摘要	借方金额											贷方金额											借或贷	余额									
月 日	种类 号数		十亿	千	百	十	万	千	百	十	元	角	分	十亿	千	百	十	万	千	百	十	元	角	分		十亿	千	百	十	万	千	百	十	元	角	分

明细账

总第_____页 分第_____页

一级科目_____
二级科目或明细科目_____

年 20		凭证		摘要	借方金额										贷方金额										借或贷	余额										
月	日	种类	号数		十亿	千	百	十	万	千	百	十	元	角	分	十亿	千	百	十	万	千	百	十	元	角	分		十亿	千	百	十	万	千	百	十	元	角	分

明细账

总第_____页 分第_____页

一级科目_____
二级科目或明细科目_____

20　年		凭证		摘要	借方金额										贷方金额										借或贷	余额									
月	日	种类	号数		十亿	千	百	十	万	千	百	十	元	角	分	十亿	千	百	十	万	千	百	十	元	角	分		十亿	千	百	十	万	千	百	十	元	角	分

明细账

总第 _____ 页 一级科目 _____
分第 _____ 页 二级科目或明细科目 _____
                科目 _____

20 年		凭证		摘要	借方金额										贷方金额										借或贷	余额										
月	日	种类	号数		十亿	亿	千百	百	十万	万	千	百	十	元	角	分	十亿	亿	千百	百	十万	万	千	百	十	元	角	分		十亿	亿	千百	百	十万	万	千	百	十	元	角	分

明细账

总第_____页 分第_____页

一级科目_____
二级科目或明细科目_____

20 年	凭证		摘要	借方金额										贷方金额										借或贷	余额										√
月 日	种类	号数		十亿	千	百	十	万	千	百	十	元	角	分	十亿	千	百	十	万	千	百	十	元	角	分		十亿	千	百	十	万	千	百	十	元	角	分	

明细账

总第 _____ 页 分第 _____ 页

一级科目 _____
二级科目或明细科目 _____

20 年		凭证		摘要	借方金额										借或贷	贷方金额											余额									
月	日	种类	号数		十亿	千	百	十	万	千	百	十	元	角	分	√	十亿	千	百	十	万	千	百	十	元	角	分	√	十亿	千	百	十	万	千	百	十	元	角	分	√

明细账

总第 _____ 页 分第 _____ 页

科 目 _____ 一级 _____ 二级科目或明细科目 _____

20 年		凭证		摘要	借方金额										贷方金额										借或贷	余额										
月	日	种类	号数		十亿	千	百	十	万	千	百	十	元	角	分	十亿	千	百	十	万	千	百	十	元	角	分		十亿	千	百	十	万	千	百	十	元	角	分

明细账

总第 _____ 页 分第 _____ 页

一级科目 _____
二级科目或明细科目 _____

20 年		凭证		摘要	借方金额										贷方金额										借或贷	余额									
月	日	种类	号数		十亿	千	百	十	万	千	百	十	元	角	分	十亿	千	百	十	万	千	百	十	元	角	分		十亿	千	百	十	万	千	百	十	元	角	分

明细账

总第_____页 分第_____页

一级科目_____
二级科目或明细科目_____

20 年		凭证		摘要	借方金额										贷方金额										借或贷	余额										
月	日	种类	号数		十	亿	千	百	十	万	千	百	十	元	角	分	十	亿	千	百	十	万	千	百	十	元	角	分		十	亿	千	百	十	万	千	百	十	元	角	分

明细账

总第 _____ 页 分第 _____ 页

一级科目 _____
二级科目或明细科目 _____

年	凭证		摘要	借方金额										贷方金额										借或贷	余额									
20 月 日	种类	号数		十亿	千	百	十	万	千	百	十	元	角	分	十亿	千	百	十	万	千	百	十	元	角	分		十亿	千	百	十	万	千	百	十	元	角	分

明细账

总第＿＿＿＿页　分第＿＿＿＿页

一　级　科　目＿＿＿＿＿＿＿＿

二级科目或明细科目＿＿＿＿＿＿＿＿

20 年		凭证		摘要	借方金额												√	贷方金额												√	借或贷	余额												√
月	日	种类	号数		十	亿	千	百	十	万	千	百	十	元	角	分		十	亿	千	百	十	万	千	百	十	元	角	分			十	亿	千	百	十	万	千	百	十	元	角	分	

明细账

总第 _____ 页 分第 _____ 页
一级科目 _____
二级科目或明细科目 _____

20 年		凭证种类号数	摘要	借方金额 十亿千百十万千百十元角分	贷方金额 十亿千百十万千百十元角分	借或贷	余额 十亿千百十万千百十元角分
月	日						

明细账

总第_____页 分第_____页

一级科目_____
二级科目或明细科目_____

20__年		凭证		摘要	借方金额											贷方金额											借或贷	余额										
月	日	种类	号数		十亿	千	百	十	万	千	百	十	元	角	分	十亿	千	百	十	万	千	百	十	元	角	分		十亿	千	百	十	万	千	百	十	元	角	分

明细账

总第_____页 分第_____页

一级科目_____
二级科目或明细科目_____

年 20	凭证		摘要	借方金额										贷方金额										借或贷	余额									
月 日	种类	号数		十亿	亿	千	百	十	万	千	百	十	元	角	分	十亿	亿	千	百	十	万	千	百	十	元	角	分		十亿	亿	千	百	十	万	千	百	十	元	角	分

明细账

总第＿＿＿页　分第＿＿＿页

一级科目＿＿＿＿＿＿

二级科目或明细科目＿＿＿＿＿＿

20　年		凭证		摘要	借方金额										贷方金额										借或贷	余额										
月	日	种类	号数		十亿	千	百	十	万	千	百	十	元	角	分	十亿	千	百	十	万	千	百	十	元	角	分		十亿	千	百	十	万	千	百	十	元	角	分

明细账

总第 _____ 页 分第 _____ 页

一级科目 _____
二级科目或明细科目 _____

20 年		凭证		摘要	借方金额											贷方金额											借或贷	余额											√
月	日	种类	号数		十亿	千百	百	十万	万	千	百	十	元	角	分	十亿	千百	百	十万	万	千	百	十	元	角	分		十亿	千百	百	十万	万	千	百	十	元	角	分

明细账

总第 ___ 页 分第 ___ 页

一级科目 ___
二级科目或明细科目 ___

20 年		凭证		摘要	借方金额										贷方金额										借或贷	余额									
月	日	种类	号数		十亿	千百	百	十万	万	千	百	十	元	角	分	十亿	千百	百	十万	万	千	百	十	元	角	分		十亿	千百	百	十万	万	千	百	十	元	角	分

明细账

总第 _____ 页 分第 _____ 页

一级科目 _____
二级科目或明细科目 _____

20 年	凭证		摘要	借方金额										贷方金额										借或贷	余额									
月 日	种类	号数		十亿	千	百	十	万	千	百	十	元	角	分	十亿	千	百	十	万	千	百	十	元	角	分		十亿	千	百	十	万	千	百	十	元	角	分

明细账

总第 ____ 页 分第 ____ 页

一级科目 ____
二级科目或明细科目 ____

20 年		凭证		摘要	借方金额 十亿千百十万千百十元角分	贷方金额 十亿千百十万千百十元角分	借或贷	余额 十亿千百十万千百十元角分
月	日	种类	号数					

明细账

总账第 ___ 页
分第 ___ 页
科目 ___
一级科目 ___
二级科目或明细科目 ___

20 年		凭证		摘要	借方金额										贷方金额										借或贷	余额										
月	日	种类	号数		十亿	亿	千万	百万	十万	万	千	百	十	元	角	分	十亿	亿	千万	百万	十万	万	千	百	十	元	角	分		十亿	亿	千万	百万	十万	万	千	百	十	元	角	分

附录一 会计实训账簿

明细账

总第_____页 分第_____页

一级_____科目

二级科目或明细科目_____

20 年		凭证		摘要	借方金额										贷方金额										借或贷	余额										
月	日	种类	号数		十亿	亿	千	百	十	万	千	百	十	元	角	分	√	十亿	亿	千	百	十	万	千	百	十	元	角	分	√		十亿	亿	千	百	十	万	千	百	十	元	角	分	√

明细账

总第_____页 分第_____页

一级科目_____
二级科目或明细科目_____

20	凭证		摘要	借方金额									贷方金额									借或贷	余额									√
年	种类	号数		十亿	千	百	十万	千	百	十	元	角	分	十亿	千	百	十万	千	百	十	元	角	分		十亿	千	百	十万	千	百	十	元	角	分	
月 日																																			

明细账

总第_____页 第_____页分第_____页

一级科目_____
二级科目或明细科目_____

20 年		凭证		摘要	借方金额										贷方金额										借或贷	余额									
月	日	种类	号数		十亿	千	百	十万	千	百	十	元	角	分	十亿	千	百	十万	千	百	十	元	角	分		十亿	千	百	十万	千	百	十	元	角	分

明细账

总第＿＿＿页　　一级＿＿＿＿　　分第＿＿＿页
科目＿＿＿　　二级科目或明细科目＿＿＿

20　年		凭证		摘要	借方金额 十亿千百十万千百十元角分	贷方金额 十亿千百十万千百十元角分	借或贷	余额 十亿千百十万千百十元角分
月	日	种类	号数					

明细账

总第_____页 分第_____页

一级科目_____
二级科目或明细科目_____

20 年		凭证		摘要	借方金额										借或贷	贷方金额											余额									
月	日	种类	号数		十亿	千	百	十	万	千	百	十	元	角	分		十亿	千	百	十	万	千	百	十	元	角	分	十亿	千	百	十	万	千	百	十	元	角	分

明细账

总第_____页 第_____页

一级科目_____
二级科目或明细科目_____

20年		凭证		摘要	借方金额										贷方金额										借或贷	余额									
月	日	种类	号数		十亿	千百	百十	十万	万千	千百	百十	十元	元角	角分	十亿	千百	百十	十万	万千	千百	百十	十元	元角	角分		十亿	千百	百十	十万	万千	千百	百十	十元	元角	角分

明细账

总第_____页 分第_____页

一级科目_____
二级科目或明细科目_____

20__年		凭证		摘要	借方金额										贷方金额										借或贷	余额									
月	日	种类	号数		十亿	千	百	十	万	千	百	十	元	角	分	十亿	千	百	十	万	千	百	十	元	角	分		十亿	千	百	十	万	千	百	十	元	角	分

明细账

总第_____页 分第_____页

一级科目 _____
二级科目或明细科目 _____

20 年		凭证		摘要	借方金额										贷方金额										借或贷	余额									
月	日	种类	号数		十亿	亿	千	百	十	万	千	百	十	元	角	分	十亿	亿	千	百	十	万	千	百	十	元	角	分		十亿	亿	千	百	十	万	千	百	十	元	角	分

明细账

总第_____页 分第_____页

一级科目_____

二级科目或明细科目_____

20 年	凭证		摘要	借方金额											贷方金额											借或贷	余额											√
月 日	种类	号数		十亿	千	百	十	万	千	百	十	元	角	分	十亿	千	百	十	万	千	百	十	元	角	分		十亿	千	百	十	万	千	百	十	元	角	分	

明细账

总第 _____ 页 分第 _____ 页

一级科目 _____
二级科目或明细科目 _____

20 年	凭证		摘要	借方金额										贷方金额										借或贷	余额									
月 日	种类	号数		十亿	千百	十万	千	百	十	元	角	分	√	十亿	千百	十万	千	百	十	元	角	分	√		十亿	千百	十万	千	百	十	元	角	分	√

明细账

总第 _____ 页　分第 _____ 页

一级科目 _____
二级科目或明细科目 _____

年 20	凭证		摘要	借方金额										贷方金额										借或贷	余额									
月 日	种类	号数		十亿	千	百	十	万	千	百	十	元	角	分	十亿	千	百	十	万	千	百	十	元	角	分		十亿	千	百	十	万	千	百	十	元	角	分

明细账

总第_____页　分第_____页

一级科目_____
二级科目或明细科目_____

年 20		凭证		摘要	借方金额										贷方金额										借或贷	余额										√
月	日	种类	号数		十亿	千	百	十	万	千	百	十	元	角	分	十亿	千	百	十	万	千	百	十	元	角	分		十亿	千	百	十	万	千	百	十	元	角	分

明细账

总第_____页　分第_____页

一级科目_____

二级科目或明细科目_____

20 年		凭证		摘要	借方金额											贷方金额											借或贷	余额										
月	日	种类	号数		十亿	亿	千万	百万	十万	万	千	百	十	元	角	分	十亿	亿	千万	百万	十万	万	千	百	十	元	角	分		十亿	亿	千万	百万	十万	万	千	百	十	元	角	分

明细账

总第 ___ 页 分第 ___ 页

一级科目 ___
二级科目或明细科目 ___

20__年		凭证		摘要	借方金额										贷方金额										借或贷	余额									
月	日	种类	号数		十亿	千百	百	十	万	千	百	十	元	角	分	十亿	千	百	十	万	千	百	十	元	角	分		十亿	千	百	十	万	千	百	十	元	角	分

明细账

总第 _____ 页 分第 _____ 页

一级科目 _____
二级科目或明细科目 _____

20 年		凭证		摘要	借方金额	贷方金额	借或贷	余额
月	日	种类	号数		十亿千百十万千百十元角分	十亿千百十万千百十元角分		十亿千百十万千百十元角分

明细账

总第　　　　页　分第　　　　页

一级科目　　　　

二级科目或明细科目　　　　

20　年		凭证		摘要	借方金额										贷方金额										借或贷	余额									
月	日	种类	号数		十亿	千	百	十	万	千	百	十	元	角	分	十亿	千	百	十	万	千	百	十	元	角	分		十亿	千	百	十	万	千	百	十	元	角	分

明细账

总第 _____ 页　　　分第 _____ 页

一级科目 _____

二级科目或明细科目 _____

20 年		凭证		摘要	借方金额										贷方金额										借或贷	余额									
月	日	种类	号数		十亿	千	百	十	万	千	百	十	元	角	分	十亿	千	百	十	万	千	百	十	元	角	分	√	十亿	千	百	十	万	千	百	十	元	角	分

明细账

总第_____页　分第_____页

一级科目_____

二级科目或明细科目_____

年 20		凭证		摘要	借方金额										贷方金额										借或贷	余额									
月	日	种类	号数		十亿	千	百	十	万	千	百	十	元	角	分	十亿	千	百	十	万	千	百	十	元	角	分		十亿	千	百	十	万	千	百	十	元	角	分

明细账

总第_____页 分第_____页

一级科目_____
二级科目或明细科目_____

20年		凭证		摘要	借方金额										贷方金额										借或贷	余额									
月	日	种类	号数		十亿	亿	千	百	十	万	千	百	十	元	角	分	十亿	亿	千	百	十	万	千	百	十	元	角	分		十亿	亿	千	百	十	万	千	百	十	元	角	分

明细账

总第____页

第____页分____页

一级科目____

二级科目或明细科目____

20　年		凭证		摘要	借方金额										贷方金额										借或贷	余额									
月	日	种类	号数		十亿	亿	千万	百万	十万	万	千	百	十	元	角	分	十亿	亿	千万	百万	十万	万	千	百	十	元	角	分		十亿	亿	千万	百万	十万	万	千	百	十	元	角	分

明细账

总第 ___ 页 分第 ___ 页

一级科目 ___
二级科目或明细科目 ___

20 年		凭证		摘要	借方金额										贷方金额										借或贷	余额									
月	日	种类	号数		十亿	千	百	十万	千	百	十	元	角	分	十亿	千	百	十万	千	百	十	元	角	分		十亿	千	百	十万	千	百	十	元	角	分

明 细 账

第 _____ 页

类 别 _____ 编 号 _____ 规 格 _____
存放地点 _____ 计量单位 _____ 名 称 _____
最高储备量 _____ 储备定额 _____
最低储备量 _____ 计划单价 _____

20 年	凭证		摘要	收入（借方）				发出（贷方）				结存			
月	日	种类	号数		数量	单价	金额（千百十万千百十元角分）		数量	单价	金额（千百十万千百十元角分）		数量	单价	金额（千百十万千百十元角分）	

明 细 账

类 别 _____ 编 号 _____ 第 ___ 页
存放地点 _____ 计量单位 _____ 规 格 _____
最高储备量 _____ 储备定额 _____ 名 称 _____
最低储备量 _____ 计划单价 _____

20 年		凭证		摘要	收入（借方）										发出（贷方）										结存									
					数量	单价	金额								数量	单价	金额								数量	单价	金额							
月	日	种类	号数				千	百	十	万	千	百	十	元	角	分			千	百	十	万	千	百	十	元	角	分			千	百	十	万	千	百	十	元	角	分

明 细 账

第_____页

类别_____ 编号_____ 存放地点_____
规格_____ 计量单位_____
储备定额_____ 计划单价_____
最高储备量_____ 最低储备量_____

20 年		凭证		摘要	收入（借方）											发出（贷方）											结存										
月	日	种类	号数		数量	单价	金额									数量	单价	金额									数量	单价	金额									
							千	百	十	万	千	百	十	元	角	分			千	百	十	万	千	百	十	元	角	分			千	百	十	万	千	百	十	元	角	分

明 细 账

第_____页

类别_____　　编号_____　　规格_____
存放地点_____　　计量单位_____　　名称_____
最高储备量_____　　储备定额_____
最低储备量_____　　计划单价_____

20　年		凭证		摘要	收入（借方）					发出（贷方）					结存			
月	日	种类	号数		数量	单价	金额 千百十万千百十元角分			数量	单价	金额 千百十万千百十元角分			数量	单价	金额 千百十万千百十元角分	

明 细 账

第_____页

类 别：_____　　储备定额：_____　　编 号：_____　　规 格：_____
存放地点：_____　　计划单价：_____　　计量单位：_____　　名 称：_____

最高储备量：_____
最低储备量：_____

20　年		凭证		摘要	收入（借方）			发出（贷方）			结存		
月	日	种类	号数		数量	单价	金额（千百十万千百十元角分）	数量	单价	金额（千百十万千百十元角分）	数量	单价	金额（千百十万千百十元角分）

明 细 账

第_____页

最高储备量_____ 类别_____ 编号_____
最低储备量_____ 存放地点_____ 储备定额_____ 规格_____
　　　　　　　　　　　　　　　　　计划单价_____ 计量单位_____ 名称_____

20 年	凭证		摘要	收入（借方）			发出（贷方）			结存		
月 日	种类	号数		数量	单价	金额 千百十万千百十元角分	数量	单价	金额 千百十万千百十元角分	数量	单价	金额 千百十万千百十元角分

明 细 账

第_____页

类别_____ 编号_____ 规格_____
存放地点_____ 计量单位_____ 名称_____
储备定额_____
计划单价_____
最高储备量_____
最低储备量_____

20 年		凭证		摘要	收入（借方）			发出（贷方）			结存		
月	日	种类	号数		数量	单价	金额 千百十万千百十元角分	数量	单价	金额 千百十万千百十元角分	数量	单价	金额 千百十万千百十元角分

明 细 账

类别 _____　编号 _____　第 _____ 页
最高储备量 _____　储备定额 _____　规格名称 _____
最低储备量 _____　计划单价 _____　计量单位 _____
存放地点 _____

20　年		凭证		摘要	收入（借方）			发出（贷方）			结存		
月	日	种类	号数		数量	单价	金额 千百十万千百十元角分	数量	单价	金额 千百十万千百十元角分	数量	单价	金额 千百十万千百十元角分

明细账

类别 _____
存放地点 _____
最高储备量 _____
最低储备量 _____

编号 _____
规格 _____
储备定额 _____
计划单价 _____

名称 _____
计量单位 _____
第 ____ 页

20 年		凭证		摘要	收入（借方）			发出（贷方）			结存		
月	日	种类	号数		数量	单价	金额（千百十万千百十元角分）	数量	单价	金额（千百十万千百十元角分）	数量	单价	金额（千百十万千百十元角分）

明 细 账

第_____页

类别_____ 编号_____ 规格_____
存放地点_____ 计量单位_____ 名称_____
最高储备量_____ 储备定额_____
最低储备量_____ 计划单价_____

20　年	凭证		摘要	收入（借方）										发出（贷方）										结存										
	种类	号数		数量	单价	金额								数量	单价	金额								数量	单价	金额								
月 日						千	百	十	万	千	百	十	元	角	分			千	百	十	万	千	百	十	元	角	分			千	百	十	万	千	百	十	元	角	分

明 细 账

第_____页

类别_____ 编号_____
存放地点_____ 计量单位_____
最高储备量_____ 储备定额_____
最低储备量_____ 计划单价_____

20		凭证		摘要	收入（借方）												发出（贷方）												结存											
年		种类			数量	单价	金额										数量	单价	金额										数量	单价	金额									
月	日		号数				千	百	十	万	千	百	十	元	角	分			千	百	十	万	千	百	十	元	角	分			千	百	十	万	千	百	十	元	角	分

明 细 账

第_____页

类 列_____ 编 号_____ 规 格_____
存放地点_____ 计量单位_____ 名 称_____
最高储备量_____ 储备定额_____
最低储备量_____ 计划单价_____

20 年		凭证		摘要	收入（借方）			发出（贷方）			结存		
月	日	种类	号数		数量	单价	金额 千百十万千百十元角分	数量	单价	金额 千百十万千百十元角分	数量	单价	金额 千百十万千百十元角分

明 细 账

第_____页

类别：_____ 规格名称：_____
存放地点：_____ 编号：_____
最高储备量：_____ 储备定额：_____ 计量单位：_____
最低储备量：_____ 计划单价：_____

20 年		凭证		摘要	收入（借方）			计划单价									发出（贷方）			单价									结存			单价								
月	日	种类	号数		数量	单价	金额	千	百	十	万	千	百	十	元	角	分	数量	单价	金额	千	百	十	万	千	百	十	元	角	分	数量	单价	金额	千	百	十	万	千	百	十	元	角	分

明 细 账

第_____页

最高储备量_____ 类别_____ 储备定额_____ 编号_____ 规格_____
最低储备量_____ 存放地点_____ 计划单价_____ 计量单位_____ 名称_____

20 年		凭证		摘要	收 入（借 方）			发 出（贷 方）			结 存		
月	日	种类	号数		数量	单价	金额 千百十万千百十元角分	数量	单价	金额 千百十万千百十元角分	数量	单价	金额 千百十万千百十元角分

明 细 账

第_____页

类别_____ 编号_____
存放地点_____ 计量单位_____
储备定额_____ 计划单价_____
最高储备量_____
最低储备量_____
规格名称_____

20__年		凭证		摘要	收入（借方）			发出（贷方）			结存		
月	日	种类	号数		数量	单价	金额 千百十万千百十元角分	数量	单价	金额 千百十万千百十元角分	数量	单价	金额 千百十万千百十元角分

明 细 账

总第___页 分第___页

___级科目编号及名称___

___级科目编号及名称___

20 年		凭证号数	摘要	借方									贷方									借或贷	余额									( )方								
月	日			百	十	万	千	百	十	元	角	分	百	十	万	千	百	十	元	角	分		百	十	万	千	百	十	元	角	分	百	十	万	千	百	十	元	角	分

明 细 账

总第____页 分第____页

一级科目编号及名称 _____
二级科目编号及名称 _____

20__年		凭证号数	摘要	借方	贷方	借或贷	余额	( )方	
月	日			百十万千百十元角分	百十万千百十元角分		百十万千百十元角分	百十万千百十元角分	百十万千百十元角分

明 细 账

总第＿＿页　分第＿＿页

一级科目编号及名称＿＿＿＿＿

二级科目编号及名称＿＿＿＿＿

20 年		凭证号数	摘要	借方 百十万千百十元角分	贷方 百十万千百十元角分	借或贷	余额 百十万千百十元角分	（ ）方		
月	日							百十万千百十元角分	百十万千百十元角分	百十万千百十元角分

明 细 账

总第_____页 分第_____页

_____级科目编号及名称_____

_____级科目编号及名称_____

20 年	凭证号数	摘要	借方										贷方										借或贷	余额										( )方									
月 日			百	十	万	千	百	十	元	角	分		百	十	万	千	百	十	元	角	分			百	十	万	千	百	十	元	角	分		百	十	万	千	百	十	元	角	分

明 细 账

总第＿＿页　分第＿＿页

一级科目编号及名称＿＿＿＿＿＿

二级科目编号及名称＿＿＿＿＿＿

20 年		凭证号数	摘要	借方										贷方										借或贷	余额										（　　）方																			
月	日			百	十	万	千	百	十	元	角	分		百	十	万	千	百	十	元	角	分			百	十	万	千	百	十	元	角	分		百	十	万	千	百	十	元	角	分		百	十	万	千	百	十	元	角	分

明 细 账

总第_____页 分第_____页

一级科目编号及名称_____

二级科目编号及名称_____

20 年		凭证号数	摘要	借方 百十万千百十元角分	贷方 百十万千百十元角分	借或贷	余额 百十万千百十元角分	( )方 百十万千百十元角分	( )方 百十万千百十元角分
月	日								

明 细 账

总第 ___ 页 分第 ___ 页

___ 级科目编号及名称 ___

___ 级科目编号及名称 ___

20 年		凭证号数	摘要	借方										贷方										借或贷	余额										( )方									
月	日			百	十	万	千	百	十	元	角	分		百	十	万	千	百	十	元	角	分			百	十	万	千	百	十	元	角	分		百	十	万	千	百	十	元	角	分

应交增值税明细账

总第____页 分第____页

明细科目名称____应交增值税

20 年		凭证号数	摘要	借方										贷方										借或贷	余额										（借）方																					转出未交增值税										
																																			进项税额										已交税金																				
月	日			百	十	万	千	百	十	元	角	分		百	十	万	千	百	十	元	角	分			百	十	万	千	百	十	元	角	分		百	十	万	千	百	十	元	角	分		百	十	万	千	百	十	元	角	分		百	十	万	千	百	十	元	角	分

续表

总第_____页 分第_____页

明细科目名称　应交增值税

借方合计									(贷)方																										贷方合计								
									销项税额									进项税额转出									转出多交增值税																		
百	十	万	千	百	十	元	角	分	百	十	万	千	百	十	元	角	分	百	十	万	千	百	十	元	角	分	百	十	万	千	百	十	元	角	分	百	十	万	千	百	十	元	角	分

总分类账账簿启用及交接表

单位名称				
账簿名称	（第 册）	印 鉴		
账簿编号				
账簿页数	本账簿共计 页（ 本账簿页数 检点人盖章 ）			
启用日期	公元 年 月 日			
经管人员	负责人		主办会计	复核	记账
	姓名	盖章	姓名 盖章	姓名 盖章	姓名 盖章
接交记录	职别	经管人员	接管	交出
		姓名	年 月 日 盖章	年 月 日 盖章
备 注				

目 录

编号	科目	起讫页码

编号	科目	起讫页码

总账

科目名称 _____
科目编号 _____
第　　页

年 20	凭证号数	摘要 (外汇收支应说明 原币及汇率)	借方金额										贷方金额										借或贷	余额									
			十	亿	千	百	十	万	千	百	十	元	角	分	十	亿	千	百	十	万	千	百	十	元	角	分		十	亿	千	百	十	万	千	百	十	元	角	分
月 日																																							

总账

科目名称：_____
科目编号：_____
第___页

20 年		凭证号数	摘要（外汇收支应说明原币及汇率）	借方金额 十亿千百十万千百十元角分	贷方金额 十亿千百十万千百十元角分	借或贷	余额 十亿千百十万千百十元角分
月	日						

总账

科目名称 _____
科目编号 _____
第 ___ 页

20 年		凭证号数	摘要(外汇收支应说明原币及汇率)	借方金额											贷方金额											借或贷	余额										
月	日			十亿	千	百	十	万	千	百	十	元	角	分	十亿	千	百	十	万	千	百	十	元	角	分		十亿	千	百	十	万	千	百	十	元	角	分

总账

科目名称 _____
科目编号 _____

第 ____ 页

20　年		凭证号数	摘　要 (外汇收支应说明 原币及汇率)	借方金额										贷方金额										借或贷	余额										√
月	日			十亿	亿	千	百	十	万	千	百	十	元	角	分	十亿	亿	千	百	十	万	千	百	十	元	角	分		十亿	亿	千	百	十	万	千	百	十	元	角	分	

总账

科目名称 _____
科目编号 _____
第 ___ 页

20 年		凭证号数	摘要 (外汇收支应说明 原币及汇率)	借方金额											贷方金额											借或贷	余额										
月	日			十	亿	千	百	十	万	千	百	十	元	角	分	十	亿	千	百	十	万	千	百	十	元	角	分		十	亿	千	百	十	万	千	百	十	元	角	分

总账

科目名称 ＿＿＿＿＿＿
科目编号 ＿＿＿＿＿＿
第　　页

20　年		凭证号数	摘　要 (外汇收支应说明 原币及汇率)	借方金额											贷方金额											借或贷	余　额											√
月	日			十	亿	千	百	十	万	千	百	十	元	角	分	十	亿	千	百	十	万	千	百	十	元	角	分	√	十	亿	千	百	十	万	千	百	十	元	角	分	

总账

科目名称 _____　　第　　页
科目编号 _____

年 20		凭证号数	摘　要 (外汇收支应说明 原币及汇率)	借方金额											贷方金额											借 或 贷	余额											√
月	日			十	亿	千	百	十	万	千	百	十	元	角	分	十	亿	千	百	十	万	千	百	十	元	角	分		十	亿	千	百	十	万	千	百	十	元	角	分	

总账

科目名称 _____
科目编号 _____

第____页

年 20		凭证号数	摘　要 (外汇收支应说明 原币及汇率)	借方金额 十亿千百十万千百十元角分	贷方金额 十亿千百十万千百十元角分	借或贷 √	余额 十亿千百十万千百十元角分 √
月	日						

总账

科目名称 _____
科目编号 _____
第 ___ 页

20 年		凭证号数	摘要 (外汇收支应说明 原币及汇率)	借方金额										贷方金额										借或贷	余额										√
月	日			十亿	亿	千	百	十	万	千	百	十	元	角	分	十亿	亿	千	百	十	万	千	百	十	元	角	分		十亿	亿	千	百	十	万	千	百	十	元	角	分	

总账

科目名称＿＿＿＿＿＿
科目编号＿＿＿＿＿＿
第＿＿＿页

20 年	凭证号数	摘　要 (外汇收支应说明 原币及汇率)	借方金额											借 或 贷	贷方金额											余　额										
月 日			十	亿	千	百	十	万	千	百	十	元	角	分	√	十	亿	千	百	十	万	千	百	十	元	角	分	十	亿	千	百	十	万	千	百	十	元	角	分

总账

科目名称 _____
科目编号 _____
第　　页

20 年		凭证号数	摘　要 (外汇收支应说明 原币及汇率)	借方金额											贷方金额											借或贷	余　额											√
月	日			十亿	千	百	十	万	千	百	十	元	角	分	十亿	千	百	十	万	千	百	十	元	角	分		十亿	千	百	十	万	千	百	十	元	角	分	

总账

科目名称 _____

科目编号 _____

第 ____ 页

20 年		凭证号数	摘要 (外汇收支应说明 原币及汇率)	借方金额											贷方金额											借或贷	余额										
月	日			十亿	千	百	十	万	千	百	十	元	角	分	十亿	千	百	十	万	千	百	十	元	角	分		十亿	千	百	十	万	千	百	十	元	角	分

总 账

科目名称 _____
科目编号 _____

第 ___ 页

年 20		凭证号数	摘要 (外汇收支应说明 原币及汇率)	借方金额 十亿千百十万千百十元角分	贷方金额 十亿千百十万千百十元角分	借或贷	余额 十亿千百十万千百十元角分
月	日						

总 账

科目名称 _____
科目编号 _____
第 ___ 页

20 年		凭证	摘　　要	借　方　金　额											贷　方　金　额											借或贷	余　　额											√
月	日	号数	(外汇收支应说明原币及汇率)	十	亿	千	百	十	万	千	百	十	元	角	分	十	亿	千	百	十	万	千	百	十	元	角	分	√	十	亿	千	百	十	万	千	百	十	元	角	分

总账

科目名称 _____
科目编号 _____
第 ___ 页

20 年		凭证号数	摘要 (外汇收支应说明 原币及汇率)	借方金额										贷方金额										借或贷	余额									
月	日			十	亿	千	百	十	万	千	百	十	元	角	分	十	亿	千	百	十	万	千	百	十	元	角	分		十	亿	千	百	十	万	千	百	十	元	角	分

总账

科目名称：_____
科目编号：_____
第___页

年 20		凭证		摘　要 (外汇收支应说明 原币及汇率)	借方金额										贷方金额										借或贷	余额										
月	日	号数	√		十亿	千	百	十	万	千	百	十	元	角	分	十亿	千	百	十	万	千	百	十	元	角	分	√	十亿	千	百	十	万	千	百	十	元	角	分

总账

科目名称 _____
科目编号 _____

第 ___ 页

20 年		凭证号数	摘要 (外汇收支应说明 原币及汇率)	借方金额										贷方金额										借或贷	余额									
月	日			十亿	千	百	十	万	千	百	十	元	角	分	十亿	千	百	十	万	千	百	十	元	角	分		十亿	千	百	十	万	千	百	十	元	角	分

总账

科目名称 _____
科目编号 _____
第 ____ 页

20 年		凭证号数	摘 要 (外汇收支应说明原币及汇率)	借方金额											贷方金额											借或贷	余 额										
月	日			十	亿	千	百	十	万	千	百	十	元	角	分	十	亿	千	百	十	万	千	百	十	元	角	分	√	十	亿	千	百	十	万	千	百	十	元	角	分

总 账

科目名称 _____
科目编号 _____
第 ___ 页

20 年		凭证号数	摘 要 (外汇收支应说明 原币及汇率)	借方金额 十亿千百十万千百十元角分	贷方金额 十亿千百十万千百十元角分	借或贷	余 额 十亿千百十万千百十元角分
月	日						

· 272 ·

附录一 会计实训账簿

总账

科目名称 _____
科目编号 _____
第 ___ 页

20 年		凭证号数	摘要 (外汇收支应说明 原币及汇率)	借方金额 十亿千百十万千百十元角分	√	贷方金额 十亿千百十万千百十元角分	借或贷	余额 十亿千百十万千百十元角分	√
月	日								

总账

科目名称 _____
科目编号 _____

第 ____ 页

年		凭证号数	摘要 (外汇收支应说明 原币及汇率)	借方金额										贷方金额										借或贷	余额									
20				十亿	千	百	十	万	千	百	十	元	角	分	十亿	千	百	十	万	千	百	十	元	角	分		十亿	千	百	十	万	千	百	十	元	角	分
月	日													√											√	√											√

总账

科目名称 _____
科目编号 _____
第 ___ 页

20 年		凭证号数	摘要 (外汇收支应说明 原币及汇率)	借方金额											贷方金额											借或贷	余额											√
月	日			十亿	亿	千	百	十	万	千	百	十	元	角	分	十亿	亿	千	百	十	万	千	百	十	元	角	分	√	十亿	亿	千	百	十	万	千	百	十	元	角	分

总账

科目名称：_____
科目编号：_____
第____页

年 月 日	凭证号数	摘要（外汇收支应说明原币及汇率）	借方金额 十亿千百十万千百十元角分	贷或借	贷方金额 十亿千百十万千百十元角分	借或贷	余额 十亿千百十万千百十元角分
20							

总账

科目名称 _____

科目编号 _____

第 ___ 页

20　年		凭证号数	摘　要 (外汇收支应说明 原币及汇率)	借方金额											贷方金额											借或贷	余额											√
月	日			十	亿	千	百	十	万	千	百	十	元	角	分	十	亿	千	百	十	万	千	百	十	元	角	分		十	亿	千	百	十	万	千	百	十	元	角	分	

总账

科目名称 _____
科目编号 _____
第 ___ 页

20 年	凭证		摘要 (外汇收支应说明 原币及汇率)	借方金额											贷方金额											借 或 贷	余额										
月 日	号数			十亿	亿	千	百	十	万	千	百	十	元	角	分	十亿	亿	千	百	十	万	千	百	十	元	角	分		十亿	亿	千	百	十	万	千	百	十	元	角	分

总账

科目名称 _____
科目编号 _____
第 ___ 页

20 年		凭证		摘 要 (外汇收支应说明 原币及汇率)	借方金额											贷方金额											借或贷	余 额										
月	日	号数			十亿	千	百	十	万	千	百	十	元	角	分	十亿	千	百	十	万	千	百	十	元	角	分		十亿	千	百	十	万	千	百	十	元	角	分

总账

科目名称 _____
科目编号 _____

第 ___ 页

20 年		凭证号数	摘要(外汇收支应说明原币及汇率)	借方金额											贷方金额											借或贷	余额											√
月	日			十亿	亿	千	百	十	万	千	百	十	元	角	分	十亿	亿	千	百	十	万	千	百	十	元	角	分		十亿	亿	千	百	十	万	千	百	十	元	角	分	

总 账

科目名称 _____
科目编号 _____

第 ___ 页

20 年		凭证		摘 要 (外汇收支应说明 原币及汇率)	借方金额											贷方金额											借 或 贷	余 额											√
月	日	号数	√		十	亿	千	百	十	万	千	百	十	元	角	分	十	亿	千	百	十	万	千	百	十	元	角	分		十	亿	千	百	十	万	千	百	十	元	角	分

总 账

科目名称 _____
科目编号 _____   第 ___ 页

20 年	凭证号数	摘 要 (外汇收支应说明 原币及汇率)	借方金额 十亿千百十万千百十元角分	贷方金额 十亿千百十万千百十元角分	借或贷	余 额 十亿千百十万千百十元角分
月 日						

总账

科目名称 _____
科目编号 _____
第 ___ 页

20 年		凭证号数	摘要（外汇收支应说明原币及汇率）	借方金额											√	贷方金额											√	借或贷	余额											√
月	日			十	亿	千	百	十	万	千	百	十	元	角	分		十	亿	千	百	十	万	千	百	十	元	角	分			十	亿	千	百	十	万	千	百	十	元	角	分	

总账

科目名称 _____
科目编号 _____
第 ____ 页

20　年		凭证号数	摘　要 (外汇收支应说明 原币及汇率)	借方金额										贷方金额										借 或 贷	余额										√
月	日			十亿	千	百	十	万	千	百	十	元	角	分	十亿	千	百	十	万	千	百	十	元	角	分		十亿	千	百	十	万	千	百	十	元	角	分

总 账

科目名称 _____
科目编号 _____
第 ___ 页

20 年		凭证号数	摘　要 (外汇收支应说明 原币及汇率)	借方金额 十亿千百十万千百十元角分	√	贷方金额 十亿千百十万千百十元角分	借或贷	余额 十亿千百十万千百十元角分	√
月	日								

总账

科目名称 _____
科目编号 _____

第 ___ 页

年		凭证号数	摘要 (外汇收支应说明 原币及汇率)	借方金额											贷方金额											借 或 贷	余额										
月	日			十亿	亿	千	百	十	万	千	百	十	元	角	分	十亿	亿	千	百	十	万	千	百	十	元	角	分		十亿	亿	千	百	十	万	千	百	十	元	角	分

总账

科目名称 _____
科目编号 _____

第 ___ 页

年 20		凭证号数	摘要（外汇收支应说明原币及汇率）	借方金额											贷方金额											借或贷	余额											√
月	日			十亿	亿	千	百	十	万	千	百	十	元	角	分	十亿	亿	千	百	十	万	千	百	十	元	角	分	十亿	亿	千	百	十	万	千	百	十	元	角	分	

总账

科目名称＿＿＿＿＿＿
科目编号＿＿＿＿＿＿　　　　　　　　　　　　　第　　　页

20　年		凭证号数	摘　要 (外汇收支应说明 原币及汇率)	借方金额										贷方金额										借或贷	余额										
月	日			十	亿	千	百	十	万	千	百	十	元	角	分	十	亿	千	百	十	万	千	百	十	元	角	分		十	亿	千	百	十	万	千	百	十	元	角	分

总账

科目名称 _____
科目编号 _____
第 ___ 页

20 年		凭证号数	摘要 (外汇收支应说明原币及汇率)	借方金额 十亿千百十万千百十元角分	贷或借 √	贷方金额 十亿千百十万千百十元角分	余额 十亿千百十万千百十元角分 √
月	日						

总账

科目名称 _____
科目编号 _____
第 ___ 页

20 年		凭证号数	摘要 (外汇收支应说明 原币及汇率)	借方金额 十亿千百十万千百十元角分	贷方金额 十亿千百十万千百十元角分	借或贷 √	余额 十亿千百十万千百十元角分
月	日						

总账

科目名称 _____
科目编号 _____

第 ___ 页

20 年		凭证号数	摘要 (外汇收支应说明 原币及汇率)	借方金额											贷方金额											借或贷	余额										
月	日			十	亿	千	百	十	万	千	百	十	元	角	分	十	亿	千	百	十	万	千	百	十	元	角	分		十	亿	千	百	十	万	千	百	十	元	角	分

总账

科目名称 _____
科目编号 _____
第 ___ 页

年 20		凭证号数	摘要 (外汇收支应说明原币及汇率)	借方金额										贷方金额										借或贷	余额										
月	日			十亿	亿	千	百	十	万	千	百	十	元	角	分	十亿	亿	千	百	十	万	千	百	十	元	角	分		十亿	亿	千	百	十	万	千	百	十	元	角	分

总账

科目名称 _____
科目编号 _____

第 ___ 页

20 年		凭证		摘　要	借方金额										贷方金额										借或贷	余　额									
月	日	号数	√	(外汇收支应说明原币及汇率)	十亿	亿	千	百	十	万	千	百	十	元	角	分	十亿	亿	千	百	十	万	千	百	十	元	角	分	√	十亿	亿	千	百	十	万	千	百	十	元	角	分

科目汇总表

年 月 日—— 月 日 No.

编码	科目	借方	贷方
	合 计		

记账　　　　　　　　　　　　　　　审核　　　　　　　　　　　　　　　制单

科目汇总表

年 月 日—— 月 日　No.

编码	科目	借方	贷方
	合　计		

记账　　　　　　　　　　　审核　　　　　　　　　　　制单

试算平衡表

年　月　日

科目名称	期末余额	
	借　方	贷　方
合　计		

审核：　　　　　　　　　　　　　　　　　　　　　　　　　　　制表：

试算平衡表

年　月　日

科目名称	期末余额	
	借　方	贷　方
合　计		

审核：　　　　　　　　　　　　　　　　　　　　　　　　　　　　制表：

资产负债表

填表单位：　　　　　　　　　　　　年　月　日　　　　　　　　　　　　　　　　　单位：元

资　　产	期末余额	负债所有者权益（或股东权益）	期末余额
流动资产：		流动负债：	
货币资金		短期借款	
以公允价值计量且其变动计入当期损益的金融资产		以公允价值计量且其变动计入当期损益的金融负债	
衍生金融资产		衍生金融负债	
应收票据		应付票据	
应收账款		应付账款	
预付款项		预收款项	
其他应收款		应付职工薪酬	
其中：应收利息		应交税费	
应收股利		其他应付款	
存货		其中：应付利息	
持有待售资产		应付股利	
一年内到期的非流动资产		持有待售负债	
其他流动资产		一年内到期的非流动负债	
流动资产合计		其他流动负债	
非流动资产：		**流动负债合计**	
可供出售金融资产		非流动负债：	
持有至到期投资		长期借款	
长期应收款		应付债券	
长期股权投资		其中：优先股	
投资性房地产		永续债	
固定资产		长期应付款	
在建工程		长期应付职工薪酬	
工程物资		预计负债	
固定资产清理		递延收益	
生产性生物资产		递延所得税负债	
油气资产		其他非流动负债	
无形资产		**非流动负债合计**	
开发支出		**负债合计**	
商誉		所有者权益（或股东权益）：	
长期待摊费用		实收资本（或股本）	
递延所得税资产		其他权益工具	
其他非流动资产		其中：优先股	
非流动资产合计		永续债	
		资本公积	
		减：库存股	
		其他综合收益	
		盈余公积	
		未分配利润	
		所有者权益（或股东权益）合计	
资产总计		**负债和所有者权益（或股东权益）总计**	

利 润 表

填报单位：　　　　　　　　　　　　　　　年　　月　　　　　　　　　　　　　　　单位：元

项　　目	本期金额	上期金额
一、营业收入		
减：营业成本		
税金及附加		
销售费用		
管理费用		
研发费用		
财务费用		
其中：利息费用		
利息收入		
加：其他收益		
投资收益（损失以"-"号填列）		
其中：对联营企业和合营企业的投资收益		
公允价值变动收益（损失以"-"号填列）		
资产减值损失（损失以"-"号填列）		
资产处置收益（损失以"-"号填列）		
二、营业利润（亏损以"-"号填列）		
加：营业外收入		
减：营业外支出		
三、利润总额（亏损总额以"-"号填列）		
减：所得税费用		
四、净利润（净亏损以"-"号填列）		
（一）持续经营净利润（净亏损以"-"号填列）		
（二）终止经营净利润（净亏损以"-"号填列）		
五、其他综合收益的税后净额		
（一）不能重分类进损益的其他综合收益		
1. 重新计量设定受益计划变动额		
2. 权益法下不能转损益的其他综合收益		
（二）将重分类进损益的其他综合收益		
1. 权益法下可转损益的其他综合收益		
2. 可供出售金融资产公允价值变动损益		
3. 持有至到期投资重分类为可供出售金融资产损益		
4. 现金流量套期损益的有效部分		
5. 外币财务报表折算差额		
6. 其他		
六、综合收益总额		
七、每股收益：		
（一）基本每股收益		
（二）稀释每股收益		

现金流量表

填报单位：　　　　　　　　　　　　　　　____年__月　　　　　　　　　　　　　　单位：元

项　　目	本期发生额	上期发生额
一、经营活动产生的现金流量：		
销售商品、提供劳务收到的现金		
收到的税费返还		
收到其他与经营活动有关的现金		
经营活动现金流入小计		
购买商品、接受劳务支付的现金		
支付给职工以及为职工支付的现金		
支付的各项税费		
支付其他与经营活动有关的现金		
经营活动现金流出小计		
经营活动产生的现金流量净额		
二、投资活动产生的现金流量：		
收回投资收到的现金		
取得投资收益收到的现金		
处置固定资产、无形资产和其他长期资产收回的现金净额		
处置子公司及其他营业单位收到的现金净额		
收到其他与投资活动有关的现金		
投资活动现金流入小计		
购建固定资产、无形资产和其他长期资产支付的现金		
投资支付的现金		
取得子公司及其他营业单位支付的现金净额		
支付其他与投资活动有关的现金		
投资活动现金流出小计		
投资活动产生的现金流量净额		
三、筹资活动产生的现金流量：		
吸收投资收到的现金		
其中：子公司吸收少数股东投资收到的现金		
取得借款收到的现金		
收到其他与筹资活动有关的现金		
筹资活动现金流入小计		
偿还债务支付的现金		
分配股利、利润或偿付利息支付的现金		
其中：子公司支付给少数股东的股利、利润		
支付其他与筹资活动有关的现金		
筹资活动现金流出小计		
筹资活动产生的现金流量净额		
四、汇率变动对现金及现金等价物的影响		
五、现金及现金等价物净增加额		
加：期初现金及现金等价物余额		
六、期末现金及现金等价物余额		

所有者权益变动表

填报单位：　　　　　　　　　　　　　年　　月　　　　　　　　　　　　　单位：元

项　　目	本　期									
	实收资本（或股本）	其他权益工具			资本公积	减：库存股	其他综合收益	专项储备	盈余公积	未分配利润	所有者权益（或股东权益）合计
		优先股	永续债	其他							
一、上年期末余额											
加：会计政策变更											
前期差错更正											
其他											
二、本年期初余额											
三、本期增减变动金额（减少以"－"号填列）											
（一）综合收益总额											
（二）所有者（或股东）投入和减少资本											
1. 所有者（或股东）投入的普通股											
2. 其他权益工具持有者投入资本											
3. 股份支付计入所有者权益（或股东权益）的金额											
4. 其他											
（三）利润分配											
1. 提取盈余公积											
2. 对所有者（或股东）的分配											
3. 其他											
（四）所有者权益（或股东权益）内部结转											
1. 资本公积转增资本（或股本）											
2. 盈余公积转增资本（或股本）											
3. 盈余公积弥补亏损											
4. 设定受益计划变动额结转留存收益											
5. 其他											
（五）专项储备											
1. 本期提取											
2. 本期使用											
（六）其他											
四、本期期末余额											

财务分析表1

财务指标计算	上年	下年	财务指标计算公式
一、偿债能力指标			
（一）短期偿债能力分析			
1. 流动比率			流动比率=流动资产÷流动负债
（1）流动资产			
（2）流动负债			
2. 速动比率			速动比率=速动资产÷流动负债= （流动资产−存货）÷流动负债
（1）速动资产			
（2）流动负债			
3. 现金流动负债比率			现金流动负债比率=年经营现金净流量÷ 年末流动负债×100%
（1）年经营现金净流量			
（2）年末流动负债			
（二）长期偿债能力分析			
1. 资产负债率			资产负债率=（负债总额÷资产总额）×100%
（1）负债总额			
（2）资产总额			
2. 利息保障倍数			利息保障倍数=息税前利润（$EBIT$）÷利息费用= （税后利润+所得税+利息费用）÷利息费用
（1）息税前利润总额			
（2）利息支出			
3. 产权比率			产权比率=（负债÷所有者权益）×100%= [资产负债率/(1−资产负债率)]×100%
（1）负债总额			
（2）所有者权益总额			
4. 或有负债比率			或有负债比率=或有负债余额÷所有者权益总额×100%
（1）或有负债余额			
（2）所有者权益总额			

财务分析表2

财务指标计算	上年	下年	财务指标计算公式
二、营运能力指标			
（一）劳动效率			劳动效率=营业收入÷平均值工人数
1. 营业收入			
2. 平均工人数			
（二）应收账款周转率			应收账款周转率（次数）=营业收入÷应收账款平均值 应收账款平均余额=（期初应收账款余额+ 期末应收账款余额）÷2 应收账款周转天数=360÷应收账款周转率
1. 应收账款周转次数			
（1）营业收入			
（2）平均应收账款余额			
2. 应收账款周转天数			

续表

财务指标计算	上年	下年	财务指标计算公式
（三）存货周转率			
1. 存货周转率			存货周转率（次数）=营业成本÷存货余额平均值 存货余额平均值=（期初存货余额+期末存货余额）÷2 存货周转天数=360÷存货周转次数
（1）营业成本			
（2）平均存货余额			
2. 存货周转天数			
（四）流动资产周转率			
1. 流动资产周转率			流动资产周转率（次数）=营业收入÷流动资产平均值 流动资产平均值=（期初流动资产+期末流动资产）÷2 流动资产周转天数=360÷流动资产周转率
（1）营业收入			
（2）平均流动资产总额			
2. 流动资产周转天数			
（五）固定资产周转率			
1. 固定资产周转次数			固定资产周转率（次数）=营业收入÷固定资产平均净值 固定资产平均净值=（期初固定资产净值+ 期末固定资产净值）÷2
（1）营业收入			
（2）平均固定资产净值			
（六）总资产周转率			
1. 总资产周转率			总资产周转率（次数）=营业收入÷总资产平均值 总资产平均值=（期初总资产+期末总资产）÷2 总资产周转天数=360÷总资产周转率
（1）平均资产总额			
（2）营业收入			
2. 总资产周转天数			

财务分析表 3

财务指标计算	上年	下年	财务指标计算公式
三、获利能力指标			
（一）营业利润率			
1. 营业利润			营业利润率=（营业利润÷营业收入）×100%
2. 营业收入			
（二）成本费用利润率			
1. 利润总额			成本费用利润率=（利润总额÷成本费用总额）×100%= [利润总额÷（营业成本+销售费用+ 管理费用+财务费用）]×100%
2. 成本费用总额			
（三）盈余现金保障倍数			
1. 经营现金净流量			盈余现金保障倍数=经营现金净流量÷净利润
2. 净利润			
（四）总资产报酬率			
1. 息税前利润总额			总资产报酬率=息税前利润（EBIT）÷ 平均资产总额×100%=（税后利润+所得税+ 利息费用）÷平均资产总额×100
2. 平均资产总额			

续表

财务指标计算	上年	下年	财务指标计算公式
(五)净资产报酬率			净资产报酬率=(净利润÷平均净资产)×100%
1. 净利润			
2. 平均净资本			
(六)资本收益率			资本收益率=净利润÷平均所有者权益
1. 净利润			
2. 平均资本			

财务分析表 4

财务指标计算	上年	下年	财务指标计算公式
四、发展能力指标			
(一)营业收入增长率			
1. 营业增长率			营业收入增长率=本年营业收入增长额÷上年营业收入×100% 营业收入增长额=本年营业收入−上年营业收入
(1) 本年营业收入增长率			
(2) 上年营业收入总额			
2. 销售增长率			销售增长率=(本年销售收入增长额÷上年销售收入总额)×100% 销售收入增长额=本年销售收入−上年销售收入
(1) 本年销售收入增长率			
(2) 上年销售收入总额			
(二)资本积累率			资本积累率=(本年所有者权益增长率÷年初所有者权益额)×100%
1. 本年所有者权益增长率			
2. 年初所有者权益			
(三)总资产增长率			总资产增长率=本年总资产增长额÷年初资产总额×100%
1. 本年总资产增长额			
2. 年初资产总额			
(四)营业利润增长率			营业利润增长率=本年营业利润增长额÷上年营业利润增长额×100%
1. 本年营业利润增长额			
2. 上年营业利润总额			

附录二 会计相关法律及规章制度汇编

一、中华人民共和国会计法

第一章 总　则

第一条　为了规范会计行为，保证会计资料真实、完整，加强经济管理和财务管理，提高经济效益，维护社会主义市场经济秩序，制定本法。

第二条　国家机关、社会团体、公司、企业、事业单位和其他组织（以下统称单位）必须依照本法办理会计事务。

第三条　各单位必须依法设置会计账簿，并保证其真实、完整。

第四条　单位负责人对本单位的会计工作和会计资料的真实性、完整性负责。

第五条　会计机构、会计人员依照本法规定进行会计核算，实行会计监督。

任何单位或者个人不得以任何方式授意、指使、强令会计机构、会计人员伪造、变造会计凭证、会计账簿和其他会计资料，提供虚假财务会计报告。

任何单位或者个人不得对依法履行职责、抵制违反本法规定行为的会计人员实行打击报复。

第六条　对认真执行本法，忠于职守，坚持原则，做出显著成绩的会计人员，给予精神的或者物质的奖励。

第七条　国务院财政部门主管全国的会计工作。

县级以上地方各级人民政府财政部门管理本行政区域内的会计工作。

第八条　国家实行统一的会计制度。国家统一的会计制度由国务院财政部门根据本法制定并公布。

国务院有关部门可以依照本法和国家统一的会计制度制定对会计核算和会计监督有特殊要求的行业实施国家统一的会计制度的具体办法或者补充规定，报国务院财政部门审核批准。

中国人民解放军总后勤部[①]可以依照本法和国家统一的会计制度制定军队实施国家统一的会计制度的具体办法，报国务院财政部门备案。

第二章 会 计 核 算

第九条　各单位必须根据实际发生的经济业务事项进行会计核算，填制会计凭证，登记会计账簿，编制财务会计报告。

任何单位不得以虚假的经济业务事项或者资料进行会计核算。

第十条　下列经济业务事项，应当办理会计手续，进行会计核算：

（一）款项和有价证券的收付；

[①] 现称中央军委后勤保障部。

(二)财物的收发、增减和使用;
(三)债权债务的发生和结算;
(四)资本、基金的增减;
(五)收入、支出、费用、成本的计算;
(六)财务成果的计算和处理;
(七)需要办理会计手续、进行会计核算的其他事项。

第十一条 会计年度自公历1月1日起至12月31日止。

第十二条 会计核算以人民币为记账本位币。

业务收支以人民币以外的货币为主的单位,可以选定其中一种货币作为记账本位币,但是编报的财务会计报告应当折算为人民币。

第十三条 会计凭证、会计账簿、财务会计报告和其他会计资料,必须符合国家统一的会计制度的规定。

使用电子计算机进行会计核算的,其软件及其生成的会计凭证、会计账簿、财务会计报告和其他会计资料,也必须符合国家统一的会计制度的规定。

任何单位和个人不得伪造、变造会计凭证、会计账簿及其他会计资料,不得提供虚假的财务会计报告。

第十四条 会计凭证包括原始凭证和记账凭证。

办理本法第十条所列的经济业务事项,必须填制或者取得原始凭证并及时送交会计机构。

会计机构、会计人员必须按照国家统一的会计制度的规定对原始凭证进行审核,对不真实、不合法的原始凭证有权不予接受,并向单位负责人报告;对记载不准确、不完整的原始凭证予以退回,并要求按照国家统一的会计制度的规定更正、补充。

原始凭证记载的各项内容均不得涂改;原始凭证有错误的,应当由出具单位重开或者更正,更正处应当加盖出具单位印章。原始凭证金额有错误的,应当由出具单位重开,不得在原始凭证上更正。

记账凭证应当根据经过审核的原始凭证及有关资料编制。

第十五条 会计账簿登记,必须以经过审核的会计凭证为依据,并符合有关法律、行政法规和国家统一的会计制度的规定。会计账簿包括总账、明细账、日记账和其他辅助性账簿。

会计账簿应当按照连续编号的页码顺序登记。会计账簿记录发生错误或者隔页、缺号、跳行的,应当按照国家统一的会计制度规定的方法更正,并由会计人员和会计机构负责人(会计主管人员)在更正处盖章。

使用电子计算机进行会计核算的,其会计账簿的登记、更正,应当符合国家统一的会计制度的规定。

第十六条 各单位发生的各项经济业务事项应当在依法设置的会计账簿上统一登记、核算,不得违反本法和国家统一的会计制度的规定私设会计账簿登记、核算。

第十七条 各单位应当定期将会计账簿记录与实物、款项及有关资料相互核对,保证会计账簿记录与实物及款项的实有数额相符、会计账簿记录与会计凭证的有关内容相符、会计账簿之间相对应的记录相符、会计账簿记录与会计报表的有关内容相符。

第十八条 各单位采用的会计处理方法,前后各期应当一致,不得随意变更;确有必要变更的,应当按照国家统一的会计制度的规定变更,并将变更的原因、情况及影响在财务会计报告中说明。

第十九条 单位提供的担保、未决诉讼等或有事项,应当按照国家统一的会计制度的规定,在财务会计报告中予以说明。

第二十条 财务会计报告应当根据经过审核的会计账簿记录和有关资料编制,并符合本法和国家统一的会计制度关于财务会计报告的编制要求、提供对象和提供期限的规定;其他法律、行政法规另有规定的,从其规定。

财务会计报告由会计报表、会计报表附注和财务情况说明书组成。向不同的会计资料使用者提供的财务会计报告,其编制依据应当一致。有关法律、行政法规规定会计报表、会计报表附注和财务情况说明书须经注册会计师审计的,注册会计师及其所在的会计师事务所出具的审计报告应当随同财务会计报告一并提供。

第二十一条 财务会计报告应当由单位负责人和主管会计工作的负责人、会计机构负责人(会计主管人员)签名并盖章;设置总会计师的单位,还须由总会计师签名并盖章。

单位负责人应当保证财务会计报告真实、完整。

第二十二条 会计记录的文字应当使用中文。在民族自治地方,会计记录可以同时使用当地通用的一种民族文字。在中华人民共和国境内的外商投资企业、外国企业和其他外国组织的会计记录可以同时使用一种外国文字。

第二十三条 各单位对会计凭证、会计账簿、财务会计报告和其他会计资料应当建立档案,妥善保管。会计档案的保管期限和销毁办法,由国务院财政部会同有关部门制定。

第三章 公司、企业会计核算的特别规定

第二十四条 公司、企业进行会计核算,除应当遵守本法第二章的规定外,还应当遵守本章规定。

第二十五条 公司、企业必须根据实际发生的经济业务事项,按照国家统一的会计制度的规定确认、计量和记录资产、负债、所有者权益、收入、费用、成本和利润。

第二十六条 公司、企业进行会计核算不得有下列行为:

(一)随意改变资产、负债、所有者权益的确认标准或者计量方法,虚列、多列、不列或者少列资产、负债、所有者权益;

(二)虚列或者隐瞒收入,推迟或者提前确认收入;

(三)随意改变费用、成本的确认标准或者计量方法,虚列、多列、不列或者少列费用、成本;

(四)随意调整利润的计算、分配方法,编造虚假利润或者隐瞒利润;

(五)违反国家统一的会计制度规定的其他行为。

第四章 会 计 监 督

第二十七条 各单位应当建立、健全本单位内部会计监督制度。单位内部会计监督制度应当符合下列要求:

(一)记账人员与经济业务事项和会计事项的审批人员、经办人员、财物保管人员的职

责权限应当明确,并相互分离、相互制约;

(二)重大对外投资、资产处置、资金调度和其他重要经济业务事项的决策和执行的相互监督、相互制约程序应当明确;

(三)财产清查的范围、期限和组织程序应当明确;

(四)对会计资料定期进行内部审计的办法和程序应当明确。

第二十八条 单位负责人应当保证会计机构、会计人员依法履行职责,不得授意、指使、强令会计机构、会计人员违法办理会计事项。

会计机构、会计人员对违反本法和国家统一的会计制度规定的会计事项,有权拒绝办理或者按照职权予以纠正。

第二十九条 会计机构、会计人员发现会计账簿记录与实物、款项及有关资料不相符的,按照国家统一的会计制度的规定有权自行处理的,应当及时处理;无权处理的,应当立即向单位负责人报告,请求查明原因,作出处理。

第三十条 任何单位和个人对违反本法和国家统一的会计制度规定的行为,有权检举。收到检举的部门有权处理的,应当依法按照职责分工及时处理;无权处理的,应当及时移送有权处理的部门处理。收到检举的部门、负责处理的部门应当为检举人保密,不得将检举人姓名和检举材料转给被检举单位和被检举人个人。

第三十一条 有关法律、行政法规规定,须经注册会计师进行审计的单位,应当向受委托的会计师事务所如实提供会计凭证、会计账簿、财务会计报告和其他会计资料以及有关情况。

任何单位或者个人不得以任何方式要求或者示意注册会计师及其所在的会计师事务所出具不实或者不当的审计报告。

财政部门有权对会计师事务所出具审计报告的程序和内容进行监督。

第三十二条 财政部门对各单位的下列情况实施监督:

(一)是否依法设置会计账簿;

(二)会计凭证、会计账簿、财务会计报告和其他会计资料是否真实、完整;

(三)会计核算是否符合本法和国家统一的会计制度的规定;

(四)从事会计工作的人员是否具备专业能力、遵守职业道德。

在对前款第(二)项所列事项实施监督,发现重大违法嫌疑时,国务院财政部门及其派出机构可以向与被监督单位有经济业务往来的单位和被监督单位开立账户的金融机构查询有关情况,有关单位和金融机构应当给予支持。

第三十三条 财政、审计、税务、人民银行、证券监管、保险监管等部门应当依照有关法律、行政法规规定的职责,对有关单位的会计资料实施监督检查。

前款所列监督检查部门对有关单位的会计资料依法实施监督检查后,应当出具检查结论。有关监督检查部门已经作出的检查结论能够满足其他监督检查部门履行本部门职责需要的,其他监督检查部门应当加以利用,避免重复查账。

第三十四条 依法对有关单位的会计资料实施监督检查的部门及其工作人员对在监督检查中知悉的国家秘密和商业秘密负有保密义务。

第三十五条 各单位必须依照有关法律、行政法规的规定,接受有关监督检查部门依法实施的监督检查,如实提供会计凭证、会计账簿、财务会计报告和他会计资料以及有关情况,不得拒绝、隐匿、谎报。

第五章 会计机构和会计人员

第三十六条 各单位应当根据会计业务的需要，设置会计机构，或者在有关机构中设置会计人员并指定会计主管人员；不具备设置条件的，应当委托经批准设立从事会计代理记账业务的中介机构代理记账。

国有的和国有资产占控股地位或者主导地位的大、中型企业必须设置总会计师。总会计师的任职资格、任免程序、职责权限由国务院规定。

第三十七条 会计机构内部应当建立稽核制度。

出纳人员不得兼任稽核、会计档案保管和收入、支出、费用、债权债务账目的登记工作。

第三十八条 会计人员应当具备从事会计工作所需要的专业能力。

担任单位会计机构负责人（会计主管人员）的，应当具备会计师以上专业技术职务资格或者从事会计工作三年以上经历。

本法所称会计人员的范围由国务院财政部门规定。

第三十九条 会计人员应当遵守职业道德，提高业务素质。对会计人员的教育和培训工作应当加强。

第四十条 因有提供虚假财务会计报告，做假账，隐匿或者故意销毁会计凭证、会计账簿、财务会计报告，贪污，挪用公款，职务侵占等与会计职务的有关违法行为被依法追究刑事责任的人员，不得再从事会计工作。

第四十一条 会计人员调动工作或者离职，必须与接管人员办清交接手续。

一般会计人员办理交接手续，由会计机构负责人（会计主管人员）监交；会计机构负责人（会计主管人员）办理交接手续，由单位负责人监交，必要时主管单位可以派人会同监交。

第六章 法律责任

第四十二条 违反本法规定，有下列行为之一的，由县级以上人民政府财政部门责令限期改正，可以对单位并处三千元以上五万元以下的罚款；对其直接负责的主管人员和其他直接责任人员，可以处二千元以上二万元以下的罚款；属于国家工作人员的，还应当由其所在单位或者有关单位依法给予行政处分：

（一）不依法设置会计账簿的；

（二）私设会计账簿的；

（三）未按照规定填制、取得原始凭证或者填制、取得的原始凭证不符合规定的；

（四）以未经审核的会计凭证为依据登记会计账簿或者登记会计账簿不符合规定的；

（五）随意变更会计处理方法的；

（六）向不同的会计资料使用者提供的财务会计报告编制依据不一致的；

（七）未按照规定使用会计记录文字或者记账本位币的；

（八）未按照规定保管会计资料，致使会计资料毁损、灭失的；

（九）未按照规定建立并实施单位内部会计监督制度或者拒绝依法实施的监督或者不如实提供有关会计资料及有关情况的；

（十）任用会计人员不符合本法规定的。

有前款所列行为之一，构成犯罪的，依法追究刑事责任。

会计人员有第一款所列行为之一，情节严重的，五年内不得从事会计工作。有关法律对第一款所列行为的处罚另有规定的，依照有关法律的规定办理。

第四十三条 伪造、变造会计凭证、会计账簿，编制虚假财务会计报告，构成犯罪的，依法追究刑事责任。有前款行为，尚不构成犯罪的，由县级以上人民政府财政部门予以通报，可以对单位并处五千元以上十万元以下的罚款；对其直接负责的主管人员和其他直接责任人员，可以处三千元以上五万元以下的罚款；属于国家工作人员的，还应当由其所在单位或者有关单位依法给予撤职直至开除的行政处分；其中的会计人员，五年内不得从事会计工作。

第四十四条 隐匿或者故意销毁依法应当保存的会计凭证、会计账簿、财务会计报告，构成犯罪的，依法追究刑事责任。

有前款行为，尚不构成犯罪的，由县级以上人民政府财政部门予以通报，可以对单位并处五千元以上十万元以下的罚款；对其直接负责的主管人员和其他直接责任人员，可以处三千元以上五万元以下的罚款；属于国家工作人员的，还应当由其所在单位或者有关单位依法给予撤职直至开除的行政处分；其中的会计人员，五年内不得从事会计工作。

第四十五条 授意、指使、强令会计机构、会计人员及其他人员伪造、变造会计凭证、会计账簿，编制虚假财务会计报告或者隐匿、故意销毁依法应当保的会计凭证、会计账簿、财务会计报告，构成犯罪的，依法追究刑事责任；尚不构成犯罪的，可以处五千元以上五万元以下的罚款；属于国家工作人员的，还应当由其所在单位或者有关单位依法给予降级、撤职、开除的行政处分。

第四十六条 单位负责人对依法履行职责、抵制违反本法规定行为的会计人员以降级、撤职、调离工作岗位、解聘或者开除等方式实行打击报复，构成犯罪的，依法追究刑事责任；尚不构成犯罪的，由其所在单位或者有关单位依法给予行政处分。对受打击报复的会计人员，应当恢复其名誉和原有职务、级别。

第四十七条 财政部门及有关行政部门的工作人员在实施监督管理中滥用职权、玩忽职守、徇私舞弊或者泄露国家秘密、商业秘密，构成犯罪的，依法追究刑事责任；尚不构成犯罪的，依法给予行政处分。

第四十八条 违反本法第三十条规定，将检举人姓名和检举材料转给被检举单位和被检举人个人的，由所在单位或者有关单位依法给予行政处分。

第四十九条 违反本法规定，同时违反其他法律规定的，由有关部门在各自职权范围内依法进行处罚。

第七章 附　　则

第五十条 本法下列用语的含义：

单位负责人，是指单位法定代表人或者法律、行政法规规定代表单位行使职权的主要负责人。

国家统一的会计制度，是指国务院财政部门根据本法制定的关于会计核算、会计监督、会计机构和会计人员以及会计工作管理的制度。

第五十一条　个体工商户会计管理的具体办法，由国务院财政部门根据本法的原则另行规定。

第五十二条　本法自 2000 年 7 月 1 日起施行。

发布日期：2017 年 11 月 29 日

二、会计基础工作规范

（1996 年 6 月 17 日财会字〔1996〕19 号公布，根据 2019 年 3 月 14 日《财政部关于修改〈代理记账管理办法〉等 2 部部门规章的决定》修改）

第一章　总　则

第一条　为了加强会计基础工作，建立规范的会计工作秩序，提高会计工作水平，根据《中华人民共和国会计法》的有关规定，制定本规范。

第二条　国家机关、社会团体、企业、事业单位、个体工商户和其他组织的会计基础工作，应当符合本规范的规定。

第三条　各单位应当依据有关法律、法规和本规范的规定，加强会计基础工作，严格执行会计法规制度，保证会计工作依法有序地进行。

第四条　单位领导人对本单位的会计基础工作负有领导责任。

第五条　各省、自治区、直辖市财政厅（局）要加强对会计基础工作的管理和指导，通过政策引导、经验交流、监督检查等措施，促进基层单位加强会计基础工作，不断提高会计工作水平。

国务院各业务主管部门根据职责权限管理本部门的会计基础工作。

第二章　会计机构和会计人员

第一节　会计机构设置和会计人员配备

第六条　各单位应当根据会计业务的需要设置会计机构；不具备单独设置会计机构条件的，应当在有关机构中配备专职会计人员。

事业行政单位会计机构的设置和会计人员的配备，应当符合国家统一事业行政单位会计制度的规定。

设置会计机构，应当配备会计机构负责人；在有关机构中配备专职会计人员，应当在专职会计人员中指定会计主管人员。

会计机构负责人、会计主管人员的任免，应当符合《中华人民共和国会计法》和有关法律的规定。

第七条　会计机构负责人、会计主管人员应当具备下列基本条件：

（一）坚持原则，廉洁奉公；

（二）具备会计师以上专业技术职务资格或者从事会计工作不少于三年；

（三）熟悉国家财经法律、法规、规章和方针、政策，掌握本行业业务管理的有关知识；

（四）有较强的组织能力；

（五）身体状况能够适应本职工作的要求。

第八条 没有设置会计机构或者配备会计人员的单位，应当根据《代理记账管理办法》的规定，委托会计师事务所或者持有代理记账许可证书的代理记账机构进行代理记账。

第九条 大、中型企业、事业单位、业务主管部门应当根据法律和国家有关规定设置总会计师。总会计师由具有会计师以上专业技术资格的人员担任。

总会计师行使《总会计师条例》规定的职责、权限。

总会计师的任命（聘任）、免职（解聘）依照《总会计师条例》和有关法律的规定办理。

第十条 各单位应当根据会计业务需要配备会计人员，督促其遵守职业道德和国家统一的会计制度。

第十一条 各单位应当根据会计业务需要设置会计工作岗位。

会计工作岗位一般可分为：会计机构负责人或者会计主管人员、出纳、财产物资核算、工资核算、成本费用核算、财务成果核算、资金核算、往来结算、总账报表、稽核、档案管理等。开展会计电算化和管理会计的单位，可以根据需要设置相应工作岗位，也可以与其他工作岗位相结合。

第十二条 会计工作岗位，可以一人一岗、一人多岗或者一岗多人。但出纳人员不得兼管稽核、会计档案保管和收入、费用、债权债务账目的登记工作。

第十三条 会计人员的工作岗位应当有计划地进行轮换。

第十四条 会计人员应当具备必要的专业知识和专业技能，熟悉国家有关法律、法规、规章和国家统一会计制度，遵守职业道德。

会计人员应当按照国家有关规定参加会计业务的培训。各单位应当合理安排会计人员的培训，保证会计人员每年有一定时间用于学习和参加培训。

第十五条 各单位领导人应当支持会计机构、会计人员依法行使职权；对忠于职守，坚持原则，做出显著成绩的会计机构、会计人员，应当给予精神的和物质的奖励。

第十六条 国家机关、国有企业、事业单位任用会计人员应当实行回避制度。

单位领导人的直系亲属不得担任本单位的会计机构负责人、会计主管人员。会计机构负责人、会计主管人员的直系亲属不得在本单位会计机构中担任出纳工作。

需要回避的直系亲属为：夫妻关系、直系血亲关系、三代以内旁系血亲以及配偶亲关系。

第二节 会计人员职业道德

第十七条 会计人员在会计工作中应当遵守职业道德，树立良好的职业品质、严谨的工作作风，严守工作纪律，努力提高工作效率和工作质量。

第十八条 会计人员应当热爱本职工作，努力钻研业务，使自己的知识和技能适应所从事工作的要求。

第十九条 会计人员应当熟悉财经法律、法规、规章和国家统一会计制度，并结合会计工作进行广泛宣传。

第二十条 会计人员应当按照会计法律、法规和国家统一会计制度规定的程序和要求进行会计工作，保证所提供的会计信息合法、真实、准确、及时、完整。

第二十一条 会计人员办理会计事务应当实事求是、客观公正。

第二十二条 会计人员应当熟悉本单位的生产经营和业务管理情况，运用掌握的会计信息和会计方法，为改善单位内部管理、提高经济效益服务。

第二十三条 会计人员应当保守本单位的商业秘密，除法律规定和单位领导人同意外，不能私自向外界提供或者泄露单位的会计信息。

第二十四条 财政部门、业务主管部门和各单位应当定期检查会计人员遵守职业道德的情况，并作为会计人员晋升、晋级、聘任专业职务、表彰奖励的重要考核依据。

会计人员违反职业道德的，由所在单位进行处理。

第三节 会计工作交接

第二十五条 会计人员工作调动或者因故离职，必须将本人所经管的会计工作全部移交给接替人员。没有办清交接手续的，不得调动或者离职。

第二十六条 接替人员应当认真接管移交工作，并继续办理移交的未了事项。

第二十七条 会计人员办理移交手续前，必须及时做好以下工作：

（一）已经受理的经济业务尚未填制会计凭证的，应当填制完毕。

（二）尚未登记的账目，应当登记完毕，并在最后一笔余额后加盖经办人员印章。

（三）整理应该移交的各项资料，对未了事项写出书面材料。

（四）编制移交清册，列明应当移交的会计凭证、会计账簿、会计报表、印章、现金、有价证券、支票簿、发票、文件、其他会计资料和物品等内容；实行会计电算化的单位，从事该项工作的移交人员还应当在移交清册中列明会计软件及密码、会计软件数据磁盘（磁带等）及有关资料、实物等内容。

第二十八条 会计人员办理交接手续，必须有监交人负责监交。一般会计人员交接，由单位会计机构负责人、会计主管人员负责监交；会计机构负责人、会计主管人员交接，由单位领导人负责监交，必要时可由上级主管部门派人会同监交。

第二十九条 移交人员在办理移交时，要按移交清册逐项移交；接替人员要逐项核对点收。

（一）现金、有价证券要根据会计账簿有关记录进行点交。库存现金、有价证券必须与会计账簿记录保持一致。不一致时，移交人员必须限期查清。

（二）会计凭证、会计账簿、会计报表和其他会计资料必须完整无缺。如有短缺，必须查清原因，并在移交清册中注明，由移交人员负责。

（三）银行存款账户余额要与银行对账单核对，如不一致，应当编制银行存款余额调节表调节相符，各种财产物资和债权债务的明细账户余额要与总账有关账户余额核对相符；必要时，要抽查个别账户的余额，与实物核对相符，或者与往来单位、个人核对清楚。

（四）移交人员经管的票据、印章和其他实物等，必须交接清楚；移交人员从事会计电算化工作的，要对有关电子数据在实际操作状态下进行交接。

第三十条 会计机构负责人、会计主管人员移交时，还必须将全部财务会计工作、重大财务收支和会计人员的情况等，向接替人员详细介绍。对需要移交的遗留问题，应当写出书面材料。

第三十一条 交接完毕后，交接双方和监交人员要在移交清册上签名或者盖章。并应在移交清册上注明：单位名称，交接日期，交接双方和监交人员的职务、姓名，移交清册页数以及需要说明的问题和意见等。

移交清册一般应当填制一式三份，交接双方各执一份，存档一份。

第三十二条 接替人员应当继续使用移交的会计账簿，不得自行另立新账，以保持会计记录的连续性。

第三十三条 会计人员临时离职或者因病不能工作且需要接替或者代理的，会计机构负责人、会计主管人员或者单位领导人必须指定有关人员接替或者代理，并办理交接手续。

临时离职或者因病不能工作的会计人员恢复工作的，应当与接替或者代理人员办理交接手续。

移交人员因病或者其他特殊原因不能亲自办理移交的，经单位领导人批准，可由移交人员委托他人代办移交，但委托人应当承担本规范第三十五条规定的责任。

第三十四条 单位撤销时，必须留有必要的会计人员，会同有关人员办理清理工作，编制决算。未移交前，不得离职。接收单位和移交日期由主管部门确定。

单位合并、分立的，其会计工作交接手续比照上述有关规定办理。

第三十五条 移交人员对所移交的会计凭证、会计账簿、会计报表和其他有关资料的合法性、真实性承担法律责任。

第三章 会 计 核 算

第一节 会计核算一般要求

第三十六条 各单位应当按照《中华人民共和国会计法》和国家统一会计制度的规定建立会计账册，进行会计核算，及时提供合法、真实、准确、完整的会计信息。

第三十七条 各单位发生的下列事项，应当及时办理会计手续、进行会计核算：

（一）款项和有价证券的收付；

（二）财物的收发、增减和使用；

（三）债权债务的发生和结算；

（四）资本、基金的增减；

（五）收入、支出、费用、成本的计算；

（六）财务成果的计算和处理；

（七）其他需要办理会计手续、进行会计核算的事项。

第三十八条 各单位的会计核算应当以实际发生的经济业务为依据，按照规定的会计处理方法进行，保证会计指标的口径一致、相互可比和会计处理方法的前后各期相一致。

第三十九条 会计年度自公历1月1日起至12月31日止。

第四十条 会计核算以人民币为记账本位币。

收支业务以外国货币为主的单位，也可以选定某种外国货币作为记账本位币，但是编制的会计报表应当折算为人民币反映。

境外单位向国内有关部门编报的会计报表，应当折算为人民币反映。

第四十一条 各单位根据国家统一会计制度的要求，在不影响会计核算要求、会计报表指标汇总和对外统一会计报表的前提下，可以根据实际情况自行设置和使用会计科目。

事业行政单位会计科目的设置和使用，应当符合国家统一事业行政单位会计制度的规定。

第四十二条 会计凭证、会计账簿、会计报表和其他会计资料的内容和要求必须符合国家统一会计制度的规定，不得伪造、变造会计凭证和会计账簿，不得设置账外账，不得报送虚假会计报表。

第四十三条 各单位对外报送的会计报表格式由财政部统一规定。

第四十四条 实行会计电算化的单位，对使用的会计软件及其生成的会计凭证、会计账簿、会计报表和其他会计资料的要求，应当符合财政部关于会计电算化的有关规定。

第四十五条 各单位的会计凭证、会计账簿、会计报表和其他会计资料，应当建立档案，妥善保管。会计档案建档要求、保管期限、销毁办法等依据《会计档案管理办法》的规定进行。

实行会计电算化的单位，有关电子数据、会计软件资料等应当作为会计档案进行管理。

第四十六条 会计记录的文字应当使用中文，少数民族自治地区可以同时使用少数民族文字。中国境内的外商投资企业、外国企业和其他外国经济组织也可以同时使用某种外国文字。

第二节 填制会计凭证

第四十七条 各单位办理本规范第三十七条规定的事项，必须取得或者填制原始凭证，并及时送交会计机构。

第四十八条 原始凭证的基本要求是：

（一）原始凭证的内容必须具备：凭证的名称；填制凭证的日期；填制凭证单位名称或者填制人姓名；经办人员的签名或者盖章；接受凭证单位名称；经济业务内容；数量、单价和金额。

（二）从外单位取得的原始凭证，必须盖有填制单位的公章；从个人取得的原始凭证，必须有填制人员的签名或者盖章。自制原始凭证必须有经办单位领导人或者其指定的人员签名或者盖章。对外开出的原始凭证，必须加盖本单位公章。

（三）凡填有大写和小写金额的原始凭证，大写与小写金额必须相符。购买实物的原始凭证，必须有验收证明。支付款项的原始凭证，必须有收款单位和收款人的收款证明。

（四）一式几联的原始凭证，应当注明各联的用途，只能以一联作为报销凭证。

一式几联的发票和收据，必须用双面复写纸（发票和收据本身具备复写纸功能的除外）套写，并连续编号。作废时应当加盖"作废"戳记，连同存根一起保存，不得撕毁。

（五）发生销货退回的，除填制退货发票外，还必须有退货验收证明；退款时，必须取得对方的收款收据或者汇款银行的凭证，不得以退货发票代替收据。

（六）职工公出借款凭据，必须附在记账凭证之后。收回借款时，应当另开收据或者退还借据副本，不得退还原借款收据。

（七）经上级有关部门批准的经济业务，应当将批准文件作为原始凭证附件。如果批准文件需要单独归档的，应当在凭证上注明批准机关名称、日期和文件字号。

第四十九条 原始凭证不得涂改、挖补。发现原始凭证有错误的，应当由开出单位重开或者更正，更正处应当加盖开出单位的公章。

第五十条 会计机构、会计人员要根据审核无误的原始凭证填制记账凭证。

记账凭证可以分为收款凭证、付款凭证和转账凭证，也可以使用通用记账凭证。

第五十一条 记账凭证的基本要求是:

(一)记账凭证的内容必须具备:填制凭证的日期;凭证编号;经济业务摘要;会计科目;金额;所附原始凭证张数;填制凭证人员、稽核人员、记账人员、会计机构负责人、会计主管人员签名或者盖章。收款和付款记账凭证还应当由出纳人员签名或者盖章。

以自制的原始凭证或者原始凭证汇总表代替记账凭证的,也必须具备记账凭证应有的项目。

(二)填制记账凭证时,应当对记账凭证进行连续编号。一笔经济业务需要填制两张以上记账凭证的,可以采用分数编号法编号。

(三)记账凭证可以根据每一张原始凭证填制,或者根据若干张同类原始凭证汇总填制,也可以根据原始凭证汇总表填制。但不得将不同内容和类别的原始凭证汇总填制在一张记账凭证上。

(四)除结账和更正错误的记账凭证可以不附原始凭证外,其他记账凭证必须附有原始凭证。如果一张原始凭证涉及几张记账凭证,可以把原始凭证附在一张主要的记账凭证后面,并在其他记账凭证上注明附有该原始凭证的记账凭证的编号或者附原始凭证复印件。

一张原始凭证所列支出需要几个单位共同负担的,应当将其他单位负担的部分,开给对方原始凭证分割单,进行结算。原始凭证分割单必须具备原始凭证的基本内容:凭证名称、填制凭证日期、填制凭证单位名称或者填制人姓名、经办人的签名或者盖章、接受凭证单位名称、经济业务内容、数量、单价、金额和费用分摊情况等。

(五)如果在填制记账凭证时发生错误,应当重新填制。

已经登记入账的记账凭证,在当年内发现填写错误时,可以用红字填写一张与原内容相同的记账凭证,在摘要栏注明"注销某月某日某号凭证"字样,同时再用蓝字重新填制一张正确的记账凭证,注明"订正某月某日某号凭证"字样。如果会计科目没有错误,只是金额错误,也可以将正确数字与错误数字之间的差额,另编一张调整的记账凭证,调增金额用蓝字,调减金额用红字。发现以前年度记账凭证有错误的,应当用蓝字填制一张更正的记账凭证。

(六)记账凭证填制完经济业务事项后,如有空行,应当自金额栏最后一笔金额数字下的空行处至合计数上的空行处划线注销。

第五十二条 填制会计凭证,字迹必须清晰、工整,并符合下列要求:

(一)阿拉伯数字应当一个一个地写,不得连笔写。阿拉伯金额数字前面应当书写货币币种符号或者货币名称简写和币种符号。币种符号与阿拉伯金额数字之间不得留有空白。凡阿拉伯数字前写有币种符号的,数字后面不再写货币单位。

(二)所有以元为单位(其他货币种类为货币基本单位,下同)的阿拉伯数字,除表示单价等情况外,一律填写到角分;无角分的,角位和分位可写"00",或者符号"——";有角无分的,分位应当写"0",不得用符号"——"代替。

(三)汉字大写数字金额如零、壹、贰、叁、肆、伍、陆、柒、捌、玖、拾、佰、仟、万、亿等,一律用正楷或者行书体书写,不得用0、一、二、三、四、五、六、七、八、九、十等简化字代替,不得任意自造简化字。大写金额数字到元或者角为止的,在元或者角字之后应当写"整"字或者"正"字;大写金额数字有分的,分字后面不写"整"或者"正"字。

(四)大写金额数字前未印有货币名称的,应当加填货币名称,货币名称与金额数字之间不得留有空白。

（五）阿拉伯金额数字中间有"0"时，汉字大写金额要写"零"字；阿拉伯数字金额中间连续有几个"0"时，汉字大写金额中可以只写一个"零"字；阿拉伯金额数字元位是"0"，或者数字中间连续有几个"0"、元位也是"0"但角位不是"0"时，汉字大写金额可以只写一个"零"字，也可以不写"零"字。

第五十三条 实行会计电算化的单位，对于机制记账凭证，要认真审核，做到会计科目使用正确，数字准确无误。打印出的机制记账凭证要加盖制单人员、审核人员、记账人员及会计机构负责人、会计主管人员印章或者签字。

第五十四条 各单位会计凭证的传递程序应当科学、合理，具体办法由各单位根据会计业务需要自行规定。

第五十五条 会计机构、会计人员要妥善保管会计凭证。

（一）会计凭证应当及时传递，不得积压。

（二）会计凭证登记完毕后，应当按照分类和编号顺序保管，不得散乱丢失。

（三）记账凭证应当连同所附的原始凭证或者原始凭证汇总表，按照编号顺序，折叠整齐，按期装订成册，并加具封面，注明单位名称、年度、月份和起讫日期、凭证种类、起讫号码，由装订人在装订线封签外签名或者盖章。

对于数量过多的原始凭证，可以单独装订保管，在封面上注明记账凭证日期、编号、种类，同时在记账凭证上注明"附件另订"和原始凭证名称及编号。

各种经济合同、存出保证金收据以及涉外文件等重要原始凭证，应当另编目录，单独登记保管，并在有关的记账凭证和原始凭证上相互注明日期和编号。

（四）原始凭证不得外借，其他单位如因特殊原因需要使用原始凭证时，经本单位会计机构负责人、会计主管人员批准，可以复制。向外单位提供的原始凭证复制件，应当在专设的登记簿上登记，并由提供人员和收取人员共同签名或者盖章。

（五）从外单位取得的原始凭证如有遗失，应当取得原开出单位盖有公章的证明，并注明原来凭证的号码、金额和内容等，由经办单位会计机构负责人、会计主管人员和单位领导人批准后，才能代作原始凭证。如果确实无法取得证明的，如火车、轮船、飞机票等凭证，由当事人写出详细情况，由经办单位会计机构负责人、会计主管人员和单位领导人批准后，代作原始凭证。

第三节 登记会计账簿

第五十六条 各单位应当按照国家统一会计制度的规定和会计业务的需要设置会计账簿。会计账簿包括总账、明细账、日记账和其他辅助性账簿。

第五十七条 现金日记账和银行存款日记账必须采用订本式账簿。不得用银行对账单或者其他方法代替日记账。

第五十八条 实行会计电算化的单位，用计算机打印的会计账簿必须连续编号，经审核无误后装订成册，并由记账人员和会计机构负责人、会计主管人员签字或者盖章。

第五十九条 启用会计账簿时，应当在账簿封面上写明单位名称和账簿名称。在账簿扉页上应当附启用表，内容包括：启用日期、账簿页数、记账人员和会计机构负责人、会计主管人员姓名，并加盖名章和单位公章。记账人员或者会计机构负责人、会计主管人员调动工作时,应当注明交接日期、接办人员或者监交人员姓名,并由交接双方人员签名或者盖章。

启用订本式账簿,应当从第一页到最后一页顺序编定页数,不得跳页、缺号。使用活页式账页,应当按账户顺序编号,并须定期装订成册。装订后再按实际使用的账页顺序编定页码。另加目录,记明每个账户的名称和页次。

第六十条 会计人员应当根据审核无误的会计凭证登记会计账簿。登记账簿的基本要求是:

(一)登记会计账簿时,应当将会计凭证日期、编号、业务内容摘要、金额和其他有关资料逐项记入账内,做到数字准确、摘要清楚、登记及时、字迹工整。

(二)登记完毕后,要在记账凭证上签名或者盖章,并注明已经登账的符号,表示已经记账。

(三)账簿中书写的文字和数字上面要留有适当空格,不要写满格;一般应占格距的二分之一。

(四)登记账簿要用蓝黑墨水或者碳素墨水书写,不得使用圆珠笔(银行的复写账簿除外)或者铅笔书写。

(五)下列情况,可以用红色墨水记账:

1. 按照红字冲账的记账凭证,冲销错误记录;
2. 在不设借贷等栏的多栏式账页中,登记减少数;
3. 在三栏式账户的余额栏前,如未印明余额方向的,在余额栏内登记负数余额;
4. 根据国家统一会计制度的规定可以用红字登记的其他会计记录。

(六)各种账簿按页次顺序连续登记,不得跳行、隔页。如果发生跳行、隔页,应当将空行、空页划线注销,或者注明"此行空白""此页空白"字样,并由记账人员签名或者盖章。

(七)凡需要结出余额的账户,结出余额后,应当在"借或贷"等栏内写明"借"或者"贷"等字样。没有余额的账户,应当在"借或贷"等栏内写明"平"字,并在余额栏内用"Q"表示。

现金日记账和银行存款日记账必须逐日结出余额。

(八)每一账页登记完毕结转下页时,应当结出本页合计数及余额,写在本页最后一行和下页第一行有关栏内,并在摘要栏内注明"过次页"和"承前页"字样;也可以将本页合计数及金额只写在下页第一行有关栏内,并在摘要栏内注明"承前页"字样。

对需要结计本月发生额的账户,结计"过次页"的本页合计数应当为自本月初起至本页末止的发生额合计数;对需要结计本年累计发生额的账户,结计"过次页"的本页合计数应当为自年初起至本页末止的累计数;对既不需要结计本月发生额也不需要结计本年累计发生额的账户,可以只将每页末的余额结转次页。

第六十一条 账簿记录发生错误,不准涂改、挖补、刮擦或者用药水消除字迹,不准重新抄写,必须按照下列方法进行更正:

(一)登记账簿时发生错误,应当将错误的文字或者数字划红线注销,但必须使原有字迹仍可辨认;然后在划线上方填写正确的文字或者数字,并由记账人员在更正处盖章。对于错误的数字,应当全部划红线更正,不得只更正其中的错误数字。对于文字错误,可只划去错误的部分。

(二)由于记账凭证错误而使账簿记录发生错误,应当按更正的记账凭证登记账簿。

第六十二条 各单位应当定期对会计账簿记录的有关数字与库存实物、货币资金、有价证券、往来单位或者个人等进行相互核对,保证账证相符、账账相符、账实相符。对账工作每年至少进行一次。

(一)账证核对。核对会计账簿记录与原始凭证、记账凭证的时间、凭证字号、内容、金额是否一致,记账方向是否相符。

(二)账账核对。核对不同会计账簿之间的账簿记录是否相符,包括:总账有关账户的余额核对,总账与明细账核对,总账与日记账核对,会计部门的财产物资明细账与财产物资保管和使用部门的有关明细账核对等。

(三)账实核对。核对会计账簿记录与财产等实有数额是否相符。包括:现金日记账账面余额与现金实际库存数相核对;银行存款日记账账面余额定期与银行对账单相核对;各种财物明细账账面余额与财物实存数额相核对;各种应收、应付款明细账账面余额与有关债务、债权单位或者个人核对等。

第六十三条 各单位应当按照规定定期结账。

(一)结账前,必须将本期内所发生的各项经济业务全部登记入账。

(二)结账时,应当结出每个账户的期末余额。需要结出当月发生额的,应当在摘要栏内注明"本月合计"字样,并在下面通栏划单红线。需要结出本年累计发生额的,应当在摘要栏内注明"本年累计"字样,并在下面通栏划单红线;12月末的"本年累计"就是全年累计发生额。全年累计发生额下面应当通栏划双红线。年度终了结账时,所有总账账户都应当结出全年发生额和年末余额。

(三)年度终了,要把各账户的余额结转到下一会计年度,并在摘要栏注明"结转下年"字样;在下一会计年度新建有关会计账簿的第一行余额栏内填写上年结转的余额,并在摘要栏注明"上年结转"字样。

第四节 编制财务报告

第六十四条 各单位必须按照国家统一会计制度的规定,定期编制财务报告。

财务报告包括会计报表及其说明。会计报表包括会计报表主表、会计报表附表、会计报表附注。

第六十五条 各单位对外报送的财务报告应当根据国家统一会计制度规定的格式和要求编制。

单位内部使用的财务报告,其格式和要求由各单位自行规定。

第六十六条 会计报表应当根据登记完整、核对无误的会计账簿记录和其他有关资料编制,做到数字真实、计算准确、内容完整、说明清楚。

任何人不得篡改或者授意、指使、强令他人篡改会计报表的有关数字。

第六十七条 会计报表之间、会计报表各项目之间,凡有对应关系的数字,应当相互一致。本期会计报表与上期会计报表之间有关的数字应当相互衔接。如果不同会计年度会计报表中各项目的内容和核算方法有变更,应当在年度会计报表中加以说明。

第六十八条 各单位应当按照国家统一会计制度的规定认真编写会计报表附注及其说明,做到项目齐全,内容完整。

第六十九条 各单位应当按照国家规定的期限对外报送财务报告。

对外报送的财务报告，应当依次编写页码，加具封面，装订成册，加盖公章。封面上应当注明：单位名称，单位地址，财务报告所属年度、季度、月度，送出日期，并由单位领导人、总会计师、会计机构负责人、会计主管人员签名或者盖章。

单位领导人对财务报告的合法性、真实性负法律责任。

第七十条 根据法律和国家有关规定应当对财务报告进行审计的，财务报告编制单位应当先行委托注册会计师进行审计，并将注册会计师出具的审计报告随同财务报告按照规定的期限报送有关部门。

第七十一条 如果发现对外报送的财务报告有错误，应当及时办理更正手续。除更正本单位留存的财务报告外，还应同时通知接受财务报告的单位更正。错误较多的，应当重新编报。

第四章 会 计 监 督

第七十二条 各单位的会计机构、会计人员对本单位的经济活动进行会计监督。

第七十三条 会计机构、会计人员进行会计监督的依据是：

（一）财经法律、法规、规章；

（二）会计法律、法规和国家统一会计制度；

（三）各省、自治区、直辖市财政厅（局）和国务院业务主管部门根据《中华人民共和国会计法》和国家统一会计制度制定的具体实施办法或者补充规定；

（四）各单位根据《中华人民共和国会计法》和国家统一会计制度制定的单位内部会计管理制度；

（五）各单位内部的预算、财务计划、经济计划、业务计划等。

第七十四条 会计机构、会计人员应当对原始凭证进行审核和监督。

对不真实、不合法的原始凭证，不予受理。对弄虚作假、严重违法的原始凭证，在不予受理的同时，应当予以扣留，并及时向单位领导人报告，请求查明原因，追究当事人的责任。

对记载不准确、不完整的原始凭证，予以退回，要求经办人员更正、补充。

第七十五条 会计机构、会计人员对伪造、变造、故意毁灭会计账簿或者账外设账行为，应当制止和纠正；制止和纠正无效的，应当向上级主管单位报告，请求作出处理。

第七十六条 会计机构、会计人员应当对实物、款项进行监督，督促建立并严格执行财产清查制度。发现账簿记录与实物、款项不符时，应当按照国家有关规定进行处理。超出会计机构、会计人员职权范围的，应当立即向本单位领导报告，请求查明原因，作出处理。

第七十七条 会计机构、会计人员对指使、强令编造、篡改财务报告的行为，应当制止和纠正；制止和纠正无效的，应当向上级主管单位报告，请求处理。

第七十八条 会计机构、会计人员应当对财务收支进行监督。

（一）对审批手续不全的财务收支，应当退回，要求补充、更正。

（二）对违反规定不纳入单位统一会计核算的财务收支，应当制止和纠正。

（三）对违反国家统一的财政、财务、会计制度规定的财务收支，不予办理。

（四）对认为是违反国家统一的财政、财务、会计制度规定的财务收支，应当制止和纠正；制止和纠正无效的，应当向单位领导人提出书面意见请求处理。

单位领导人应当在接到书面意见起十日内作出书面决定，并对决定承担责任。

（五）对违反国家统一的财政、财务、会计制度规定的财务收支，不予制止和纠正，又不向单位领导人提出书面意见的，也应当承担责任。

（六）对严重违反国家利益和社会公众利益的财务收支，应当向主管单位或者财政、审计、税务机关报告。

第七十九条 会计机构、会计人员对违反单位内部会计管理制度的经济活动，应当制止和纠正；制止和纠正无效的，向单位领导人报告，请求处理。

第八十条 会计机构、会计人员应当对单位制定的预算、财务计划、经济计划、业务计划的执行情况进行监督。

第八十一条 各单位必须依照法律和国家有关规定接受财政、审计、税务等机关的监督，如实提供会计凭证、会计账簿、会计报表和其他会计资料以及有关情况，不得拒绝、隐匿、谎报。

第八十二条 按照法律规定应当委托注册会计师进行审计的单位，应当委托注册会计师进行审计，并配合注册会计师的工作，如实提供会计凭证、会计账簿、会计报表和其他会计资料以及有关情况，不得拒绝、隐匿、谎报，不得示意注册会计师出具不当的审计报告。

第五章 内部会计管理制度

第八十三条 各单位应当根据《中华人民共和国会计法》和国家统一会计制度的规定，结合单位类型和内容管理的需要，建立健全相应的内部会计管理制度。

第八十四条 各单位制定内部会计管理制度应当遵循下列原则：

（一）应当执行法律、法规和国家统一的财务会计制度。

（二）应当体现本单位的生产经营、业务管理的特点和要求。

（三）应当全面规范本单位的各项会计工作，建立健全会计基础，保证会计工作的有序进行。

（四）应当科学、合理，便于操作和执行。

（五）应当定期检查执行情况。

（六）应当根据管理需要和执行中的问题不断完善。

第八十五条 各单位应当建立内部会计管理体系。主要内容包括：单位领导人、总会计师对会计工作的领导职责；会计部门及其会计机构负责人、会计主管人员的职责、权限；会计部门与其他职能部门的关系；会计核算的组织形式等。

第八十六条 各单位应当建立会计人员岗位责任制度。主要内容包括：会计人员的工作岗位设置；各会计工作岗位的职责和标准；各会计工作岗位的人员和具体分工；会计工作岗位轮换办法；对各会计工作岗位的考核办法。

第八十七条 各单位应当建立账务处理程序制度。主要内容包括：会计科目及其明细科目的设置和使用；会计凭证的格式、审核要求和传递程序；会计核算方法；会计账簿的设置；编制会计报表的种类和要求；单位会计指标体系。

第八十八条 各单位应当建立内部牵制制度。主要内容包括：内部牵制制度的原则；组织分工；出纳岗位的职责和限制条件；有关岗位的职责和权限。

第八十九条 各单位应当建立稽核制度。主要内容包括：稽核工作的组织形式和具体分工；稽核工作的职责、权限；审核会计凭证和复核会计账簿、会计报表的方法。

第九十条 各单位应当建立原始记录管理制度。主要内容包括：原始记录的内容和填制方法；原始记录的格式；原始记录的审核；原始记录填制人的责任；原始记录签署、传递、汇集要求。

第九十一条 各单位应当建立定额管理制度。主要内容包括：定额管理的范围；制定和修订定额的依据、程序和方法；定额的执行；定额考核和奖惩办法等。

第九十二条 各单位应当建立计量验收制度。主要内容包括：计量检测手段和方法；计量验收管理的要求；计量验收人员的责任和奖惩办法。

第九十三条 各单位应当建立财产清查制度。主要内容包括：财产清查的范围；财产清查的组织；财产清查的期限和方法；对财产清查中发现问题的处理办法；对财产管理人员的奖惩办法。

第九十四条 各单位应当建立财务收支审批制度。主要内容包括：财务收支审批人员和审批权限；财务收支审批程序；财务收支审批人员的责任。

第九十五条 实行成本核算的单位应当建立成本核算制度。主要内容包括：成本核算的对象；成本核算的方法和程序；成本分析等。

第九十六条 各单位应当建立财务会计分析制度。主要内容包括：财务会计分析的主要内容；财务会计分析的基本要求和组织程序；财务会计分析的具体方法；财务会计分析报告的编写要求等。

第六章 附 则

第九十七条 本规范所称国家统一会计制度，是指由财政部制定或者财政部与国务院有关部门联合制定或者经财政部审核批准的在全国范围内统一执行的会计规章、准则、办法等规范性文件。

本规范所称会计主管人员，是指不设置会计机构、只在其他机构中设置专职会计人员的单位行使会计机构负责人职权的人员。

本规范第三章第二节和第三节关于填制会计凭证、登记会计账簿的规定，除特别指出外，一般适用于手工记账。实行会计电算化的单位，填制会计凭证和登记会计账簿的有关要求，应当符合财政部关于会计电算化的有关规定。

第九十八条 各省、自治区、直辖市财政厅（局）、国务院各业务主管部门可以根据本规范的原则，结合本地区、本部门的具体情况，制定具体实施办法，报财政部备案。

第九十九条 本规范由财政部负责解释、修改。

第一百条 本规范自公布之日起实施。1984年4月24日财政部发布的《会计人员工作规则》同时废止。

三、会计档案管理办法

《会计档案管理办法》已经财政部部务会议、国家档案局局务会议修订通过,现将修订后的《会计档案管理办法》公布,自2016年1月1日起施行。

中华人民共和国财政部部长　　楼继伟

国家档案局局长　　李明华

2015年12月11日

会计档案管理办法

第一条　为了加强会计档案管理,有效保护和利用会计档案,根据《中华人民共和国会计法》《中华人民共和国档案法》等有关法律和行政法规,制定本办法。

第二条　国家机关、社会团体、企业、事业单位和其他组织(以下统称单位)管理会计档案适用本办法。

第三条　本办法所称会计档案是指单位在进行会计核算等过程中接收或形成的,记录和反映单位经济业务事项的,具有保存价值的文字、图表等各种形式的会计资料,包括通过计算机等电子设备形成、传输和存储的电子会计档案。

第四条　财政部和国家档案局主管全国会计档案工作,共同制定全国统一的会计档案工作制度,对全国会计档案工作实行监督和指导。

县级以上地方人民政府财政部门和档案行政管理部门管理本行政区域内的会计档案工作,并对本行政区域内会计档案工作实行监督和指导。

第五条　单位应当加强会计档案管理工作,建立和完善会计档案的收集、整理、保管、利用和鉴定销毁等管理制度,采取可靠的安全防护技术和措施,保证会计档案的真实、完整、可用、安全。

单位的档案机构或者档案工作人员所属机构(以下统称单位档案管理机构)负责管理本单位的会计档案。单位也可以委托具备档案管理条件的机构代为管理会计档案。

第六条　下列会计资料应当进行归档:

(一)会计凭证,包括原始凭证、记账凭证;

(二)会计账簿,包括总账、明细账、日记账、固定资产卡片及其他辅助性账簿;

(三)财务会计报告,包括月度、季度、半年度、年度财务会计报告;

(四)其他会计资料,包括银行存款余额调节表、银行对账单、纳税申报表、会计档案移交清册、会计档案保管清册、会计档案销毁清册、会计档案鉴定意见书及其他具有保存价值的会计资料。

第七条　单位可以利用计算机、网络通信等信息技术手段管理会计档案。

第八条　同时满足下列条件的,单位内部形成的属于归档范围的电子会计资料可仅以电子形式保存,形成电子会计档案:

(一)形成的电子会计资料来源真实有效,由计算机等电子设备形成和传输;

(二)使用的会计核算系统能够准确、完整、有效接收和读取电子会计资料,能够输出符合国家标准归档格式的会计凭证、会计账簿、财务会计报表等会计资料,设定了经办、审核、审批等必要的审签程序；

（三）使用的电子档案管理系统能够有效接收、管理、利用电子会计档案，符合电子档案的长期保管要求，并建立了电子会计档案与相关联的其他纸质会计档案的检索关系；

（四）采取有效措施，防止电子会计档案被篡改；

（五）建立电子会计档案备份制度，能够有效防范自然灾害、意外事故和人为破坏的影响；

（六）形成的电子会计资料不属于具有永久保存价值或者其他重要保存价值的会计档案。

第九条 满足本办法第八条规定条件，单位从外部接收的电子会计资料附有符合《中华人民共和国电子签名法》规定的电子签名的，可仅以电子形式归档保存，形成电子会计档案。

第十条 单位的会计机构或会计人员所属机构（以下统称单位会计管理机构）按照归档范围和归档要求，负责定期将应当归档的会计资料整理立卷，编制会计档案保管清册。

第十一条 当年形成的会计档案，在会计年度终了后，可由单位会计管理机构临时保管一年，再移交单位档案管理机构保管。因工作需要确需推迟移交的，应当经单位档案管理机构同意。

单位会计管理机构临时保管会计档案最长不超过三年。临时保管期间，会计档案的保管应当符合国家档案管理的有关规定，且出纳人员不得兼管会计档案。

第十二条 单位会计管理机构在办理会计档案移交时，应当编制会计档案移交清册，并按照国家档案管理的有关规定办理移交手续。

纸质会计档案移交时应当保持原卷的封装。电子会计档案移交时应当将电子会计档案及其元数据一并移交，且文件格式应当符合国家档案管理的有关规定。特殊格式的电子会计档案应当与其读取平台一并移交。

单位档案管理机构接收电子会计档案时，应当对电子会计档案的准确性、完整性、可用性、安全性进行检测，符合要求的才能接收。

第十三条 单位应当严格按照相关制度利用会计档案，在进行会计档案查阅、复制、借出时履行登记手续，严禁篡改和损坏。

单位保存的会计档案一般不得对外借出。确因工作需要且根据国家有关规定必须借出的，应当严格按照规定办理相关手续。

会计档案借用单位应当妥善保管和利用借入的会计档案，确保借入会计档案的安全完整，并在规定时间内归还。

第十四条 会计档案的保管期限分为永久、定期两类。定期保管期限一般分为10年和30年。

会计档案的保管期限，从会计年度终了后的第一天算起。

第十五条 各类会计档案的保管期限原则上应当按照本办法附表执行，本办法规定的会计档案保管期限为最低保管期限。

单位会计档案的具体名称如有同本办法附表所列档案名称不相符的，应当比照类似档案的保管期限办理。

第十六条 单位应当定期对已到保管期限的会计档案进行鉴定，并形成会计档案鉴定意见书。经鉴定，仍需继续保存的会计档案，应当重新划定保管期限；对保管期满，确无保存价值的会计档案，可以销毁。

第十七条 会计档案鉴定工作应当由单位档案管理机构牵头，组织单位会计、审计、纪检监察等机构或人员共同进行。

第十八条 经鉴定可以销毁的会计档案，应当按照以下程序销毁：

（一）单位档案管理机构编制会计档案销毁清册，列明拟销毁会计档案的名称、卷号、册数、起止年度、档案编号、应保管期限、已保管期限和销毁时间等内容。

（二）单位负责人、档案管理机构负责人、会计管理机构负责人、档案管理机构经办人、会计管理机构经办人在会计档案销毁清册上签署意见。

（三）单位档案管理机构负责组织会计档案销毁工作，并与会计管理机构共同派员监销。监销人在会计档案销毁前，应当按照会计档案销毁清册所列内容进行清点核对；在会计档案销毁后，应当在会计档案销毁清册上签名或盖章。

电子会计档案的销毁还应当符合国家有关电子档案的规定，并由单位档案管理机构、会计管理机构和信息系统管理机构共同派员监销。

第十九条 保管期满但未结清的债权债务会计凭证和涉及其他未了事项的会计凭证不得销毁，纸质会计档案应当单独抽出立卷，电子会计档案单独转存，保管到未了事项完结时为止。

单独抽出立卷或转存的会计档案，应当在会计档案鉴定意见书、会计档案销毁清册和会计档案保管清册中列明。

第二十条 单位因撤销、解散、破产或其他原因而终止的，在终止或办理注销登记手续之前形成的会计档案，按照国家档案管理的有关规定处置。

第二十一条 单位分立后原单位存续的，其会计档案应当由分立后的存续方统一保管，其他方可以查阅、复制与其业务相关的会计档案。

单位分立后原单位解散的，其会计档案应当经各方协商后由其中一方代管或按照国家档案管理的有关规定处置，各方可以查阅、复制与其业务相关的会计档案。

单位分立中未结清的会计事项所涉及的会计凭证，应当单独抽出由业务相关方保存，并按照规定办理交接手续。

单位因业务移交其他单位办理所涉及的会计档案，应当由原单位保管，承接业务单位可以查阅、复制与其业务相关的会计档案。对其中未结清的会计事项所涉及的会计凭证，应当单独抽出由承接业务单位保存，并按照规定办理交接手续。

第二十二条 单位合并后原各单位解散或者一方存续其他方解散的，原各单位的会计档案应当由合并后的单位统一保管。单位合并后原各单位仍存续的，其会计档案仍应当由原各单位保管。

第二十三条 建设单位在项目建设期间形成的会计档案，需要移交给建设项目接受单位的，应当在办理竣工财务决算后及时移交，并按照规定办理交接手续。

第二十四条 单位之间交接会计档案时，交接双方应当办理会计档案交接手续。

移交会计档案的单位，应当编制会计档案移交清册，列明应当移交的会计档案名称、卷号、册数、起止年度、档案编号、应保管期限和已保管期限等内容。

交接会计档案时，交接双方应当按照会计档案移交清册所列内容逐项交接，并由交接双方的单位有关负责人负责监督。交接完毕后，交接双方经办人和监督人应当在会计档案移交清册上签名或盖章。

电子会计档案应当与其元数据一并移交，特殊格式的电子会计档案应当与其读取平台一并移交。档案接收单位应当对保存电子会计档案的载体及其技术环境进行检验,确保所接收电子会计档案的准确、完整、可用和安全。

第二十五条 单位的会计档案及其复制件需要携带、寄运或者传输至境外的,应当按照国家有关规定执行。

第二十六条 单位委托中介机构代理记账的,应当在签订的书面委托合同中,明确会计档案的管理要求及相应责任。

第二十七条 违反本办法规定的单位和个人,由县级以上人民政府财政部门、档案行政管理部门依据《中华人民共和国会计法》《中华人民共和国档案法》等法律法规处理处罚。

第二十八条 预算、计划、制度等文件材料,应当执行文书档案管理规定,不适用本办法。

第二十九条 不具备设立档案机构或配备档案工作人员条件的单位和依法建账的个体工商户,其会计档案的收集、整理、保管、利用和鉴定销毁等参照本办法执行。

第三十条 各省、自治区、直辖市、计划单列市人民政府财政部门、档案行政管理部门,新疆生产建设兵团财务局、档案局,国务院各业务主管部门,中国人民解放军总后勤部,可以根据本办法制定具体实施办法。

第三十一条 本办法由财政部、国家档案局负责解释,自2016年1月1日起施行。1998年8月21日财政部、国家档案局发布的《会计档案管理办法》(财会字〔1998〕32号)同时废止。

附表:

附表1 企业和其他组织会计档案保管期限表

序号	档案名称	保管期限	备注
一	**会计凭证**		
1	原始凭证	30年	
2	记账凭证	30年	
二	**会计账簿**		
3	总账	30年	
4	明细账	30年	
5	日记账	30年	
6	固定资产卡片		固定资产报废清理后保管5年
7	其他辅助性账簿	30年	
三	**财务会计报告**		
8	月度、季度、半年度财务会计报告	10年	
9	年度财务会计报告	永久	
四	**其他会计资料**		
10	银行存款余额调节表	10年	
11	银行对账单	10年	
12	纳税申报表	10年	
13	会计档案移交清册	30年	
14	会计档案保管清册	永久	
15	会计档案销毁清册	永久	
16	会计档案鉴定意见书	永久	

附表2 财政总预算、行政单位、事业单位和税收会计档案保管期限表

序号	档案名称	保管期限			备注
		财政总预算	行政单位事业单位	税收会计	
一	会计凭证				
1	国家金库编送的各种报表及缴库退库凭证	10年		10年	
2	各收入机关编送的报表	10年			
3	行政单位和事业单位的各种会计凭证		30年		包括原始凭证、记账凭证和传票汇总表
4	财政总预算拨款凭证和其他会计凭证	30年			包括拨款凭证和其他会计凭证
二	会计账簿				
5	日记账		30年	30年	
6	总账	30年	30年	30年	
7	税收日记账（总账）			30年	
8	明细分类、分户账或登记簿	30年	30年	30年	
9	行政单位和事业单位固定资产卡片				固定资产报废清理后保管5年
三	财务会计报告				
10	政府综合财务报告	永久			下级财政、本级部门和单位报送的保管2年
11	部门财务报告		永久		所属单位报送的保管2年
12	财政总预算	永久			下级财政、本级部门和单位报送的保管2年
13	部门决算		永久		所属单位报送的保管2年
14	税收年报（决算）			永久	
15	国家金库年报（决算）	10年			
16	基本建设拨、贷款年报（决算）	10年			
17	行政单位和事业单位会计月、季度报表		10年		所属单位报送的保管2年
18	税收会计报表			10年	所属税务机关报送的保管2年
四	其他会计资料				
19	银行存款余额调节表	10年	10年		
20	银行对账单	10年	10年	10年	
21	会计档案移交清册	30年	30年	30年	
22	会计档案保管清册	永久	永久	永久	
23	会计档案销毁清册	永久	永久	永久	
24	会计档案鉴定意见书	永久	永久	永久	

注：税务机关的税务经费会计档案保管期限，按行政单位会计档案保管期限规定办理。

四、会计人员管理办法

第一条 为加强会计人员管理，规范会计人员行为，根据《中华人民共和国会计法》及

相关法律法规的规定，制定本办法。

第二条 会计人员，是指根据《中华人民共和国会计法》的规定，在国家机关、社会团体、企业、事业单位和其他组织（以下统称单位）中从事会计核算、实行会计监督等会计工作的人员。

会计人员包括从事下列具体会计工作的人员：

（一）出纳；

（二）稽核；

（三）资产、负债和所有者权益（净资产）的核算；

（四）收入、费用（支出）的核算；

（五）财务成果（政府预算执行结果）的核算；

（六）财务会计报告（决算报告）编制；

（七）会计监督；

（八）会计机构内会计档案管理；

（九）其他会计工作。

担任单位会计机构负责人（会计主管人员）、总会计师的人员，属于会计人员。

第三条 会计人员从事会计工作，应当符合下列要求：

（一）遵守《中华人民共和国会计法》和国家统一的会计制度等法律法规；

（二）具备良好的职业道德；

（三）按照国家有关规定参加继续教育；

（四）具备从事会计工作所需要的专业能力。

第四条 会计人员具有会计类专业知识，基本掌握会计基础知识和业务技能，能够独立处理基本会计业务，表明具备从事会计工作所需要的专业能力。

单位应当根据国家有关法律法规和本办法有关规定，判断会计人员是否具备从事会计工作所需要的专业能力。

第五条 单位应当根据《中华人民共和国会计法》等法律法规和本办法有关规定，结合会计工作需要，自主任用（聘用）会计人员。

单位任用（聘用）的会计机构负责人（会计主管人员）、总会计师，应当符合《中华人民共和国会计法》《总会计师条例》等法律法规和本办法有关规定。

单位应当对任用（聘用）的会计人员及其从业行为加强监督和管理。

第六条 因发生与会计职务有关的违法行为被依法追究刑事责任的人员，单位不得任用（聘用）其从事会计工作。

因违反《中华人民共和国会计法》有关规定受到行政处罚五年内不得从事会计工作的人员，处罚期届满前，单位不得任用（聘用）其从事会计工作。

本条第一款和第二款规定的违法人员行业禁入期限，自其违法行为被认定之日起计算。

第七条 单位应当根据有关法律法规、内部控制制度要求和会计业务需要设置会计岗位，明确会计人员职责权限。

第八条 县级以上地方人民政府财政部门、新疆生产建设兵团财政局、中央军委后勤保障部、中共中央直属机关事务管理局、国家机关事务管理局应当采用随机抽取检查对象、随机选派执法检查人员的方式，依法对单位任用（聘用）会计人员及其从业情况进行管理和监督检查，并将监督检查情况及结果及时向社会公开。

第九条 依法成立的会计人员自律组织，应当依据有关法律法规和其章程规定，指导督促会员依法从事会计工作，对违反有关法律法规、会计职业道德和其章程的会员进行惩戒。

第十条 各省、自治区、直辖市、计划单列市财政厅（局），新疆生产建设兵团财政局，中央军委后勤保障部、中共中央直属机关事务管理局、国家机关事务管理局可以根据本办法制定具体实施办法，报财政部备案。

第十一条 本办法自 2019 年 1 月 1 日起施行。

主要参考文献

[1] 财政部. 企业会计准则 [M]. 上海：立信会计出版社，2019.

[2] 财政部. 企业会计准则——应用指南 [M]. 上海：立信会计出版社，2019.

[3] 财政部. 会计基础工作规范（2019 年修订）. 中华人民共和国财政部令第 98 号.

[4] 财政部，国家档案局. 会计档案管理办法. 财政部、国家档案局令第 79 号.

[5] 财政部. 会计人员管理办法. 财会〔2018〕33 号.

[6] 邵瑞庆. 会计学原理（第 5 版）[M]. 上海：立信会计出版社，2019.

[7] 刘明辉. 审计（第 6 版）[M]. 大连：东北财经大学出版社，2017.

[8] 孙自强，陈静. 会计综合模拟实训 [M]. 大连：大连理工大学出版社，2017.